.het jaren 40 boek

Paul Brood
René Kok
Charles de Mooij
Erik Somers
Pascal Viskil

Waanders Uitgevers
Nationaal Archief
Nederlands Instituut voor Oorlogsdocumentatie
Noordbrabants Museum

Inhoud

Nederland in de jaren '40

Hans Blom

'**D**e jaren '40' van de twintigste eeuw vormen een zeer uitzonderlijk tijdvak in de geschiedenis van Nederland. Van mei 1940 tot en met december 1949 was het land in oorlog. In de twintigste eeuw was dat verder een grote zeldzaamheid. Het begon met de Duitse inval in Nederland op 10 mei 1940. Vanaf december 1941 was Nederland ook in Azië in oorlog, met Japan. In mei 1945 eindigde de oorlog in Europa. De directe gevolgen deden zich nog enkele jaren krachtig voelen. In Azië ging de strijd na de capitulatie van Japan in augustus 1945 over in een koloniale oorlog tegen de Indonesische onafhankelijkheidsbeweging. Nederland verloor deze oorlogen. Tegen Duitsland was het in 1940 in enkele dagen bekeken. Alleen in het voetspoor van de geallieerde legers behoorde Nederland tot de overwinnaars in 1945 en kon het als onafhankelijk staat herleven. De nederlaag tegen Japan in 1942 was al even verpletterend. Ook hier was Nederland niet meer dan een junior partner in het geallieerde verband, dat in 1945 Japan versloeg. De erop volgende strijd, van Indonesische zijde vooral een guerrilla-oorlog, kende militair geen winnaar. Maar de militaire impasse droeg bij tot een onhoudbare situatie, waarin Nederland internationaal gedwongen werd de kolonie in Azië op te geven.

Zo stond Nederland er in de wereld in 1950 heel anders voor dan in 1940. In begin 1940 een kleine neutrale staat in Europa met een groot koloniaal bezit. In 1950 een kleine staat die zich gevoegd heeft in de westerse bondgenootschappen met nog slechts een heel gering koloniaal bezit in 'de West' (dat spoedig 'overzeese gebiedsdelen' zou gaan heten). De overgang van de met grote zorg, ja angstvallig bewaakte neutraliteit in internationale zaken naar de stevige verankering in het westerse kamp lag in de gegeven internationale verhoudingen voor de hand. De NAVO was het logische militaire antwoord op de vrees voor een aanval van de Sovjet-Unie. De Europese economische samenwerking was de beste manier om de economieën in de Europese landen weer tot bloei te brengen zonder in nieuwe gewelddadige botsingen te geraken. Maar het was voor Nederland een scherpe breuk met een traditie van ruim een eeuw. Zo bezien hebben de Tweede Wereldoorlog en de directe nasleep daarvan een diepgaande betekenis voor Nederland gehad. Een heldere breuk met de voorafgaande periode.

Het waren bovendien, veel meer dan de andere decennia van de twintigste eeuw, spectaculaire jaren vol geweld en zeer ingrijpende belevenissen op het persoonlijk vlak. Nooit beleefden de mensen zo spannende, opwindende, angstaanjagende of gruwelijke tijden als juist in deze jaren (oorlog en bezetting, exploitatie en pogingen tot nazificatie van Nederland, kampervaringen, moeizame terugkeer en wederopbouw, dekolonisatie, begin van de Koude Oorlog). Het meest ingrijpend was het proces van vervolging van de joden: achtereenvolgens de registratie, isolering, beroving, wegvoering en tenslotte vernietiging van het opmerkelijk hoge percentage van driekwart van de joden die in 1940 in Nederland woonden (102.000 van de 140.000). De bezettingsgeschiedenis is alleen daardoor al van een wezenlijk andere aard dan de geschiedenis van Nederland daarvoor en daarna.

De herinnering aan 'de oorlog' heeft logischerwijze in de publieke discussie en in de verhalen in de huiskamers in Nederland sindsdien altijd een belangrijke rol gespeeld. Die collectieve herinnering was overigens wel aan veranderingen onderhevig. Oorspronkelijk domineerden daarin de nationale en politiek-ideologische thema's. Later vooral het thema van de vervolging met veel aandacht voor de slachtoffers. Maar hoe dan ook is 'de oorlog' een structurerende fase in het historisch besef gebleven: je had 'vóór de oorlog' en 'na de oorlog'.

Die termen stonden ook voor karaktertrekken van de samenleving, al konden inhoud en waardering daarvan nogal verschillen. 'Vóór de oorlog' kon staan voor degelijkheid, kwaliteit en fatsoen, de tijd toen de wereld nog ordelijk in elkaar stak. 'Na de oorlog' stond dan voor instabiliteit, onzekerheid, onrust en normverlies. Maar voor anderen betekende 'vóór de oorlog' juist werkloosheid, sociale ellende en archaïsche verhoudingen, en 'na de oorlog' welvaart, meer democratie, vrijheid en menselijkheid. 'Vroeger was alles beter' tegenover 'eindelijk vooruitgang'. Hoe dan ook vormde die oorlog in die visies als een geheel apart staand tijdvak een breuk in de geschiedenis. Het waren enerzijds jaren vol ellende. De Lange Nacht is de titel van een voor het grote publiek bedoeld boek over de bezettingstijd. Maar het waren ook de jaren waarin volgens velen de mooiste en zuiverste gevoelens in het Nederlandse volk bovenkwamen en deels in daden waren omgezet.

Toch zijn de jaren '40 nader beschouwd maar in beperkte mate de beslissende jaren voor de ontwikkeling van de Nederlandse samenleving geweest. De zich steeds weer opdringende herinnering aan de ingrijpende en bijzondere gebeurtenissen en ervaringen drongen het besef naar de achtergrond hoeveel er ook heel lang hetzelfde was gebleven (zelfs in de bezettingsjaren), hoezeer er sprake was van, in de jaren '30 of eerder wortelende, doorgaande ontwikkeling en hoeveel verandering tijdens die bezettingsjaren na de oorlog snel weer verdwenen was. Dat hing vanzelfsprekend nauw samen met de nederlaag van het nationaal-socialistische Duitsland. Als de doeleinden die deze bezetter nastreefde bereikt zouden zijn, ja dan zou Nederland door 'de oorlog' fundamenteel zijn veranderd. Dan zou echt sprake zijn geweest van een breuk. Maar nu herstelden het parlementair democratische stelsel en de rechtsstaat zich en bleven voor vele decennia – en nu onomstreden – de basis voor de Nederlandse politiek. In dat perspectief waren de bezettingsjaren en hun nasleep juist een intermezzo met afwijkend karakter in een langer tijdvak, dat zich van de Eerste Wereldoorlog tot in de jaren '60 uitstrekte.

De directe nasleep van de oorlog kostte veel tijd en energie en bepaalde een groot deel van de publieke agenda in die eerste naoorlogse jaren. De terugkeer en opvang van gevangenen, (overlevende) gedeporteerden en enkele honderdduizenden in Duitsland tewerkgestelden was een zeer ingrijpend proces, organisatorisch maar niet minder psychisch. Rechtsherstel, zuivering en bijzondere rechtspleging riepen veel emoties op en waren door de ook hier honderdduizenden dossiers nauwelijks bevredigend af te handelen. Het herstel van de oorlogsschade en de wederopbouw van economie en samenleving eisten als zodanig eigenlijk al alle aandacht en mankracht op. Een overheersende indruk van verandering ten opzichte van de jaren '30 dus. Niettemin keerden in vele opzichten, ook al direct na 1945, de oude verhoudingen terug. En vooral vanaf ongeveer 1950 pakte men in het publieke en particuliere leven overwegend de draad van de jaren '30 weer op.

Van de blijvende veranderingen die optraden blijken de meeste bij nadere beschouwing ook in die jaren '30 te wortelen of zijn zij zelfs nog eerder begonnen. Het vooroorlogse Nederland was immers geen statische of gestagneerde samenleving, maar kende een eigen dynamiek, die tijdens de bezettingstijd niet geheel verdween en nadien juist weer domineerde. Die dynamiek zou ook zonder oorlog en bezetting voor verandering hebben gezorgd. Welke veranderingen na de oorlog konden doorzetten werd overigens wel mede door die oorlogservaring bepaald. De in 1939 aarzelend ingezette politieke samenwerking van de rooms katholieken en de sociaaldemocraten in het kabinet bijvoorbeeld werd na de oorlog snel een stevige basis voor een ruim tien jaren durende rooms-rode coalitie. Geen primair oorzakelijk verband met de bezettingstijd, maar wel een sterk versnellend en verstevigend effect daarvan. Een katalytische werking dus, die op meer terreinen optrad.

Zo kan men de maatschappelijke constellatie van de jaren '20 en '30 als burgerlijk en verzuild typeren. Tijdens de bezettingstijd deed de bezetter een duidelijke aanval op die verzuiling, die natuurlijk in geen enkel opzicht bij het nationaalsocialisme paste. Ook de burgerlijke maatschappelijke deugden stonden onder druk, al duurde de bezetting te kort om verregaande resultaten te boeken. Sterker, het Nederlandse nationaal gevoel kreeg er eerder een stimulans door dan dat het plaats maakte voor een Germaans sentiment. Na de oorlog herstelden die oude – zoals gezegd dynamische – verhoudingen zich opmerkelijk snel en zonder fundamentele wijzigingen. Pas in de jaren '60 begonnen zodanig grote veranderingen op te treden dat in ieder geval 'verzuild' niet langer van toepassing was. Burgerlijk bleef Nederland ook daarna, maar de balans in dat kader tussen individuele ontplooiing en de noodzaak zich in bredere sociale verbanden te voegen, verschoof sterk naar de individuele ontplooiing.

Nu sprak dat weer opnemen van de draad van voor de oorlog in 1944 en 1945 bij de gefaseerde bevrijding van het land niet vanzelf. De indringende ervaringen van de bezettingsjaren lieten niet na allerlei ideeën te stimuleren, om na het vertrek van de Duitsers de samenleving op heel andere leest te schoeien en zo de door sommigen als zeer ernstig beschouwde kwalen van de maatschappij van de jaren '30 te verhelpen. In grote lijnen zijn daarbij drie typen vernieuwing te onderscheiden, die ieder hun oorsprong hadden in de jaren '30. Ten eerste een sterk autoritair getinte beweging die uit was op een krachtig gezag en een ondergeschikte rol voor het parlement, dat immers had gefaald, mogelijk met een veel grotere rol voor het koningschap. Die denkwijze wortelde duidelijk in de breed gedeelde kritiek op de massademocratie van het interbellum. Al spoedig bleek dat er voor zo'n vernieuwing nauwelijks ruimte was. De parlementaire democratie stond juist sterker dan ooit.

Ten tweede een beweging, die organisatorisch vorm kreeg als de Nederlandse Volksbeweging en die vooral een nieuw (ook moreel) elan in de Nederlandse politiek en zuiverder politieke verhoudingen nastreefde door het doorbreken van de confessionele scheidslijnen ('de doorbraak'), waar in de jaren voor de oorlog ook voor was geijverd. Dit ging dikwijls gepaard met een veel grotere nadruk op de noodzaak van nationale saamhorigheid en de urgentie van een sociale politiek. Deze stroming kende korte tijd een grote populariteit. Dat leidde ook tot een op het eerste gezicht nieuwe constellatie van partijen: de Katholieke Volkspartij werd in 1945, de Partij van de Arbeid en de Partij voor de Vrijheid (enkele jaren later Volkspartij voor Vrijheid en Democratie genoemd) in 1946 opgericht. Maar al snel bleek dat deze nieuwe partijen toch bovenal nieuwe, aan de actuele omstandigheden aangepaste, verschijningsvormen van oude partijen waren en dat de aanhang onder het electoraat ook geen grote verschuivingen ten opzichte van de vooroorlogse verhoudingen liet zien. Een katalytisch effect was opgetreden, maar de fundamentele doorbraak mislukte.

De derde beweging om de samenleving te vernieuwen was een uiting van een proces van sociale radicalisering, die zich vooral manifesteerde in meer steun voor de communistische partij. Voor de oorlog was deze in Nederland heel klein en geïsoleerd gebleven. Nu, in het licht van de relatieve grote rol van communisten in het verzet en van de grote militaire successen van de Sovjet-Unie, lag dat anders. De communisten maakten bij de verkiezingen van 1946 een sprong van omstreeks drie naar ongeveer tien procent van de stemmen. In Amsterdam gingen zij deel van het stadsbestuur uitmaken. Toch bleek ook dit een tijdelijk verschijnsel. In de jaren '50 viel de CPN electoraal weer ver terug en door de Koude Oorlog kwam zij weer even geïsoleerd te staan als in de jaren '30. Het proces van sociale radicalisering verdampte mede omdat er enkele belangrijke nieuwe stappen in de richting van de verzorgingsstaat werden gezet.

Ook economisch was Nederland in 1950 op een punt aangeland dat in menig opzicht met 1940 vergelijkbaar was. De bezetting had al met al grote verarming gebracht. Weliswaar was die periode begonnen met een grote economische opbloei en groei van de welvaart. Door de impulsen van de Duitse orders verdween de werkloosheid nagenoeg, maakte het bedrijfsleven mooie winsten en profiteerde de middenstand van de gestegen welvaart en van de koopdrift van de Duitse militairen. Maar later nam de exploitatie van Nederland door Duitsland de vorm aan van, grotendeels gedwongen, tewerkstelling in Duitsland en wegvoering van voorraden en productiemiddelen.

Aan het einde van de oorlog was Nederland sterk verarmd. Misschien niet zo sterk als soms wel is voorgesteld, maar het duurde toch tot het einde van het decennium voor, mede door steun van de Marshall-hulp, het welvaartspeil van 1940 weer was bereikt en de distributie, die na de oorlog gehandhaafd moest worden, goeddeels was verdwenen. Daarvoor was hard werken tegen betrekkelijk gering loon nodig geweest. Vooral het vermogen tot 'mobilisering van de bevolking' in de vertrouwde verzuilde verhoudingen had dit mogelijk gemaakt. Jaren van tucht en ascese zijn deze eerste naoorlogse jaren wel genoemd. In het bijzonder voor dit terrein zou men de jaren '40 wellicht ook als verloren jaren kunnen beschouwen. In zekere zin moest men immers in 1950 weer beginnen waar men in 1940 gebleven was.

Op Nederlands-Indië is deze analyse niet van toepassing. Daar domineert de breuk in het historisch proces in direct verband met de Tweede Wereldoorlog wel. De Japanse bezetting trof de koloniale bovenlaag van Europeanen (vooral Nederlanders) hard met name door internering in kampen. Maar de inheemse bevolking, die voor een deel gevoelig was voor de antikoloniale propaganda van Japan, werd minstens zo zwaar geraakt. Het aantal slachtoffers onder de inheemse dwangarbeiders (*romusha's*) was bijvoorbeeld zeer hoog. In de chaos van de eerste maanden na de capitulatie van Japan, waarin geradicaliseerde groepen van vooral jongeren ernstig huishielden (de *bersiap*), waren de gevaren voor de Nederlanders, die vaak nog geruime tijd in de kampen moesten blijven, bepaald niet geringer dan tijdens de Japanse bezetting. Nadat de orde enigszins was hersteld, maar inmiddels wel een koloniaal conflict gewelddadig werd uitgevochten, kwam een stroom van repatrianten naar Nederland op gang, waaronder ook vele Indo-Europeanen. Zij vormden de kern van de Indische gemeenschap in Nederland, die zich vanaf eind jaren '40 vormde als een eigen maar goed geïntegreerde bevolkingsgroep.

Vanaf 1946 vertrokken tienduizenden Nederlandse beroepsmilitairen en dienstplichtigen in omgekeerde richting om in 'Ons Indië' het Nederlands gezag te herstellen en zo de economie weer op gang te krijgen en geordend overleg over de toekomst van het gebied mogelijk te maken. In feite kwamen zij in een koloniale oorlog terecht die per saldo niet te winnen was, een geldverslindende operatie die het herstel in het moederland bepaald niet ten goede kwam. De in de internationale diplomatie afgedwongen soevereiniteitsoverdracht in december 1949 maakte een einde aan die militaire aanwezigheid van Nederland in wat nu Indonesië heette. De overeengekomen Nederlands-Indonesische Unie bleek al spoedig een mislukking en de verhoudingen tussen Nederland en Indonesië verslechterden snel om in de confrontatie inzake Nieuw-Guinea rond 1960 een dieptepunt te bereiken.

Zonder deze breuk in het historisch proces te ontkennen, is het niettemin van belang er op te wijzen, dat ook deze gebeurtenissen pasten in langlopende ontwikkelingen. Wat zich in Indonesië afspeelde in de periode 1942-1949 kan ook heel goed worden gezien als de meest gewelddadige fase van een langere periode in de geschiedenis van (Zuidoost-)Azië. In die langere periode stonden in intense onderlinge verstrengeling twee grote processen centraal: de omslag van een tendens van steeds intensievere kolonisatie door westerse mogendheden naar een ontwikkeling naar dekolonisatie enerzijds en de strijd om de economische en politieke macht in (Zuidoost-)Azië, meer in het bijzonder het (uiteindelijk mislukte) hegemoniale streven van Japan, anderzijds. Dat alles was vroeg in de twintigste eeuw begonnen, werd rond 1930 meer acuut, en vond, in ieder geval voor Indonesië, begin jaren zestig een einde. 'De oorlog' vormde de beslissende versnelling.

Jan van Oudheusden

Oorlog en vrede

De jaren '40 vormen zonder twijfel het meest bewogen decennium van de twintigste eeuw. Nederland wordt geconfronteerd met een Duitse bezetting, een toenemend schrikbewind, vervolgingen en de massale uitroeiing van de joodse inwoners. Na de bevrijding blijft er de zorg om het verre Nederlands-Indië, dat eerst lijdt onder bezetting door de Japanners en daarna verwikkeld raakt in een onafhankelijkheidsstrijd.

De Eerste Wereldoorlog was aan Nederland voorbijgegaan. Gevechtservaring was er hier dus niet, maar de neutraliteitspolitiek van de regering De Geer gaf een vals idee van onkwetsbaarheid. Wanneer echter eind augustus 1939 de internationale spanningen oplopen, ontkomt ook Nederland niet aan mobilisatie. Het leger groeit in enkele dagen aan van 100.000 man tot het drievoudige. De uitrusting en bewapening die de soldaten ter beschikking staan zijn echter onvoldoende en al helemaal niet bij de tijd. Een deel van het geschut dateert nog uit de negentiende eeuw en de munitievoorraden zijn zo gering dat er slechts op beperkte schaal geoefend kan worden. Maar zoals deze foto van een mobilisatie-oefening omstreeks maart 1940 laat zien, een 'bakkie troost' maakt weer veel goed.

Vrijdag 10 mei 1940 is een prachtige dag, met een zonnig Pinksterweekend in het vooruitzicht. In de vroege uren valt het Duitse leger in het westen aan: Frankrijk, België en anders dan in 1914 nu ook Nederland. Terwijl hoog in de lucht Duitse vliegtuigen parachutisten vervoeren naar hun doelen bij de vliegvelden rond Den Haag en de bruggen over de grote rivieren, trekken Wehrmachtsoldaten de oostgrens over. Het zwaartepunt van de Nederlandse verdediging ligt niet hier, maar meer naar het westen. Kennelijk verwachten ook de binnentrekkende soldaten geen zware tegenstand. Op deze foto, die een Duitse soldaat maakt van het moment dat zijn onderdeel de grens overschrijdt, is te zien dat een van zijn kameraden nog rustig een pijp rookt.

O p sommige plaatsen, zoals bij de Afsluitdijk, op de Grebbeberg of op de vliegvelden rond Den Haag, wordt in de meidagen fel gevochten. Er zijn echter ook tal van plaatsen waar de bevolking niet meer ziet dan terugtrekkende Nederlandse troepen, kort nadien gevolgd door Duitse legeronderdelen. Veel mensen weten zich met de situatie nauwelijks raad. Antoon Coolen beschrijft in zijn dagboek zelfs hoe buurtgenoten de Duitse soldaten helpen de weg te vinden en hoe deze koffie krijgen aangeboden. Niet uit Duitsgezindheid, maar uit een naïeve vriendelijkheid. Ook deze foto van vrolijk lachende kinderen, op 13 mei gemaakt door een Duitse soldaat in het Limburgse Valkenburg, laat duidelijk zien dat de ernst van de situatie nog niet overal is doorgedrongen.

Na vijf dagen is de strijd voorbij. Voor de Duitsers, die dachten Nederland binnen één dag onder de voet te kunnen lopen, heeft het teleurstellend lang geduurd. De Nederlanders zijn juist verrast en teleurgesteld over wat zij beschouwen als een onverwacht snelle nederlaag. Velen hoopten dat de Hollandse Waterlinie de vijand wekenlang zou ophouden. Maar na het bombardement op Rotterdam en de dreiging dat ook andere steden dat lot zal ondergaan, ziet de Nederlandse bevelhebber, generaal Henri Winkelman, geen andere mogelijkheid dan overgave. Op 15 mei, de dag van de capitulatie, poseren in Haarlem Duitse en Nederlandse soldaten gezamenlijk voor de camera, waarbij opvalt dat niet alleen de Duitsers, maar ook Nederlandse soldaten een trotse en zelfbewuste houding aannemen.

Na de Nederlandse capitulatie wordt de balans opgemaakt. Dat gebeurt op 16 mei ook letterlijk op de Grebbeberg bij Rhenen, waar Nederlandse soldaten van het 8ste Regiment Infanterie gedurende drie dagen – veel langer dan de Duitsers voorzien hebben – de vijandelijke aanvallen hebben weerstaan. Deze gevechten maken de Grebbeberg tot een waar slagveld waar om en nabij 415 Nederlandse soldaten het leven laten. Na de slag brengen Duitse militairen de gesneuvelden – Nederlanders en Duitsers – bijeen in een bosgebied, daarbij geholpen door vrijwilligers van het Rode Kruis. De identificatie van de slachtoffers geschiedt door een kapelaan en een predikant. Op een later moment worden zowel de Duitse als de Nederlandse doden alsnog overgebracht naar de begraafplaats op de Grebbeberg.

1940

In de eerste fase van de bezetting koesteren de bezetters nog de gedachte dat de geesten in Nederland rijp gemaakt kunnen worden voor het nationaal-socialisme. De geoliede propagandamachine die in Duitsland al jaren en met succes op volle toeren draait, wordt nu ook in het bezette Nederland aan het werk gezet. Kort na de meidagen van 1940 krijgt het in Amsterdam gevestigde Duitse fotopersbureau *Stapf Bilderdienst* opdracht om reportages te maken waaruit de verbroedering van de Duitsers met de Nederlandse bevolking moet blijken. Uiteraard beantwoorden beelden van vriendelijke Duitse soldaten met blij lachende kindjes in klederdracht geheel aan dat doel. Maar zoals deze foto uit Marken laat zien, is niet iedereen tot de gevraagde medewerking bereid.

In 1935 had de Nationaal Socialistische Beweging (NSB) zich door tegenwerking van de overheid gedwongen gezien de eigen knokploegen van de Weerbaarheidsafdeling (WA) te ontbinden. Maar NSB-leider Anton Mussert kondigde toen al aan dat er een dag zou komen waarop de WA met toestemming van de overheid in vol ornaat door de straten van Amsterdam zou marcheren. Na de Duitse overwinning in mei 1940 is het zover. De NSB kent plots een toestroom van nieuwe leden, die overigens binnen de beweging smalend worden aangeduid als 'meikevers'. De WA houdt op 9 november een provocerende mars door de Antonie Breestraat, in het hart van de Amsterdamse Jodenbuurt. Rechts is nog net het Rembrandthuis te herkennen. Later op die dag inspecteert Mussert 5000 WA-mannen op de Dam.

I n opdracht van de bezettingsautoriteiten maken ambtenaren van de gemeente Amsterdam begin 1941 een inventarisatie van het aantal joden dat in iedere
straat woont. Aan de hand daarvan stellen de bezetters de grenzen van de
Amsterdamse Jodenbuurt vast. In het straatbeeld verschijnen grote borden waarop in het Nederlands en het Duits de begrenzing van de joodse wijken en straten
wordt aangegeven. Op de achtergrond van deze foto, tussen de beide mannen
links, is een dergelijk bord te zien. De foto van een groepje joodse mannen op een
Amsterdamse gracht wordt met propagandistisch oogmerk genomen door het
fotopersbureau *Stapf Bilderdienst*. Tweede van rechts is de heer Radomski, in 1870
geboren in Polen. Hij sterft in 1943 een natuurlijke dood in Amsterdam.

De Duitse inval in de Sovjet-Unie op 22 juni 1941 biedt nieuwe mogelijkheden aan de nazi-propaganda. Nu wordt immers duidelijk waar de strijd in essentie om gaat: het behoud van de Europese beschaving, die door de communisten wordt bedreigd. 'Het uur der eindbeslissing voor Europa is gekomen', zo is de Duitse leus. Bij een beperkte groep Nederlanders slaat de boodschap aan. Eerder al zijn fanatieke nazi's onder de Nederlanders toegetreden tot de *Schutzstaffel* (SS). Maar nu kan ook de afkeer van sommigen voor het communisme gemobiliseerd worden. Op initiatief van Arnold Meijer, voorman van het Nationaal Front, wordt een Vrijwilligerslegioen Nederland opgericht. Op 26 juli 1941 vertrekt het eerste bataljon Nederlandse vrijwilligers naar een opleidingskamp van de *Waffen-SS* in Krakau.

Een straatbeeld in Amsterdam in de zomer van 1941. Reclame voor een product als Coca-Cola is dan nog geen probleem. Pas wanneer Hitler in december 1941 aan de Verenigde Staten de oorlog verklaart – een besluit dat de stemming in bezet gebied enorm verbetert – worden zulke afbeeldingen verboden. Uiteraard geldt dat al voor de opschriften die waaghalzen ter bemoediging op het bord gekalkt hebben. Zoals 'Engeland wint', op dat moment overigens meer een uiting van hoop dan een feitelijke weergave. De letters V en W staan respectievelijk voor Victorie en voor Wilhelmina. En OZO, dat ook wel als begroeting wordt gebruikt, is de afkorting van Oranje Zal Overwinnen. Kleine gebaren allemaal, maar ze houden de moed erin.

In de zomer van 1941 houdt de Nationale Jeugdstorm een parade door de straten van Den Haag. Deze jeugdbeweging, in 1934 gesticht door de plaatsvervangend leider van de NSB Cornelis van Geelkerken, was in 1936 na een onwettigverklaring door de Hoge Raad voor de vorm ontbonden. Maar nog geen maand na het begin van de bezetting wordt de draad weer opgepakt. Hoewel de leiding de illusie koestert dat de Jeugdstorm als een echt nationale organisatie tot een ware massabeweging kan uitgroeien, zal ze nooit meer dan 16.000 leden omvatten. Pogingen de Jeugdstorm in te lijven bij de *Germanische Jugend* stuiten op verzet van Mussert en Van Geelkerken. Wel zal een aantal Jeugdstormers als vrijwilliger dienst nemen aan het Oostfront.

I n een poging de Nederlanders van verzetsdaden af te houden nemen de Duitsers in mei en juli 1942 1260 vooraanstaande Nederlanders in gijzeling, afkomstig uit de politiek en het bestuur, het bedrijfsleven en de wetenschap. Ze worden ondergebracht in het kleinseminarie Beekvliet in het Brabantse Sint-Michielsgestel. Tot afschuw van de bevolking worden ook tweemaal daadwerkelijk gijzelaars als represaille terechtgesteld. Maar afgezien daarvan krijgen de gijzelaars over het algemeen een goede behandeling. Als tijdverdrijf worden door de kampbewoners zelf cursussen, lezingen en concerten verzorgd. Ook vinden er discussies plaats over de politieke toekomst van Nederland na de bevrijding. Op de foto is te zien hoe de sociaal-democratische politicus Wim Banning welkom geheten wordt bij de 'club van pijprokende mannen' in Beekvliet.

Op 13 januari 1943 wordt het concentratiekamp Vught in gebruik genomen, gebouwd met geroofd joods kapitaal. Enkele dagen later wordt deze foto genomen, waarop te zien is hoe de gevangenen meteen werden ingeschakeld bij de verdere bouw van het kamp. Dat is namelijk nog niet klaar: er is nog geen keuken, veel barakken hebben nog geen ramen, er is geen goede drinkwatervoorziening. De beroerde omstandigheden kosten in de eerste vier maanden 209 gevangenen het leven. Kamp Vught is niet slechts gevangenkamp, maar ook *Judendurchgangslager*. In totaal zullen 31.000 gevangenen hier voor korte of langere tijd verblijven. De laatste gevangenen worden op 5 en 6 september 1944 met twee grote transporten weggevoerd naar Duitsland. Kort tevoren waren enkele honderden gevangenen geëxecuteerd.

Omdat joden zich steeds vaker onttrekken aan de oproep zich te melden voor transport naar het doorgangskamp Westerbork, vanwaar zij verder vervoerd worden voor 'arbeidsinzet in Duitschland', organiseren de bezetters enkele keren een grootscheepse razzia, waarbij buurten in de stad hermetisch worden afgesloten en alle joden in het betreffende gebied via luidsprekerwagens naar een verzamelpunt worden gedirigeerd. Ook doorzoeken de Duitsers systematisch alle huizen op mensen die zich schuilhouden. Hier een man en een jongen uit Amsterdam-Zuid, die zich op 20 juni 1943 bepakt en bezakt melden op het verzamelpunt bij de sportvelden aan het Amsterdamse Olympiaplein. Blijkens een stempel op de achterzijde wordt de foto ook afgebeeld in het blad *Storm-SS*, het weekblad van de Germaanse SS in Nederland.

☐ BEELDBANK WO2 / NIOD, FOTO HERMAN HEUKELS

O ok deze foto dateert van 20 juni 1943, de dag van de grote razzia's in de Transvaalbuurt in Amsterdam-Oost en in Amsterdam-Zuid. Uit het raam van een woning aan de Uiterwaardenstraat wordt stiekem een opname gemaakt van joden die worden weggevoerd naar het Muiderpoortstation, op weg naar Westerbork. In totaal worden op die dag en de volgende dagen 5550 mensen uit Amsterdam weggevoerd. Tevoren zijn zij onder meer op het Olympiaplein geregistreerd door medewerkers van de kampadministratie van Westerbork. Op 29 september 1943 volgt nog een dergelijke razzia, de laatste. Op dat moment hebben de bezetters 101.000 joodse Nederlanders in handen gekregen en van hen zijn dan al 90.000 gedeporteerd, de meesten naar de vernietigingskampen Auschwitz en Sobibor in Polen.

Ze vertrekken meestal op een dinsdag, de treinen die de joden uit Westerbork wegvoeren naar het oosten. Naar een bestemming die niemand met zekerheid kent, maar die door allen wordt gevreesd. Twee dagen voor vertrek worden de transportlijsten opgesteld, waarvan de aantallen – doorgaans rond de duizend – zijn vastgesteld door de Duitse autoriteiten en de namen door de joodse kampleiding. Wanneer de avond voor vertrek de namen op de lijsten hardop worden voorgelezen in de barakken, ontlokt dat bij de kampbewoners intense emoties: wanhoop, angst, verdriet, maar ook enorme opluchting bij degenen die niet genoemd zijn. De anderen worden door de joodse kamppolitie naar de trein gebracht, die midden in het kamp staat.

O p 6 oktober 1943 willen twee rechercheurs een boerderij in de Haarlemmer-
meerpolder onderzoeken op illegale slacht. Het loopt uit op een catastrofe.
Op de boerderij van Johannes Boogaard, 'Oom Hannes', zitten 34 merendeels joodse volwassenen ondergedoken en nog eens 20 joodse kinderen. Wanneer de
rechercheurs deze laatsten dreigen te ontdekken, wordt er door een van de onderduikers geschoten. Daarop grendelen de Duitsers de omgeving af. Alle 34 volwassenen worden opgepakt. Voor ze worden weggeleid, houden de Duitsers hen lig-
gend op de grond onder schot. Geen van hen overleeft de oorlog. De kinderen
weten te ontsnappen door zich urenlang schuil te houden in een sloot, waarbij ze
tot aan hun nek in het water staan.

O ok de Duitse bezettingsautoriteiten kunnen het niet zonder politie stellen. Maar dan moet het Nederlandse politieapparaat zich wel voegen naar het wereldbeeld van de nazi's. Een reorganisatie naar militair model volgt en ook worden er nieuwe opleidingen in het leven geroepen. In Apeldoorn voor politieofficieren en in Schalkhaar, een dorp bij Deventer, voor lagere rangen. Tussen augustus 1941 en september 1944 levert het Politie Opleidingsbataljon daar zo'n 3000 rekruten af, die een uitputtende fysieke training hebben ondergaan. Daarnaast zijn ze gedrild door veelvuldig exerceren en geïndoctrineerd met de nazi-leer. Op 1 februari 1944 komt het nazi-kopstuk *Reichsführer SS* Heinrich Himmler een kijkje nemen. Hij kan tevreden zijn: 'Schalkhaarmethoden' staan voor veel Nederlanders inmiddels gelijk aan afschrikwekkend optreden.

☐ BEELDBANK WO2 / NIOD

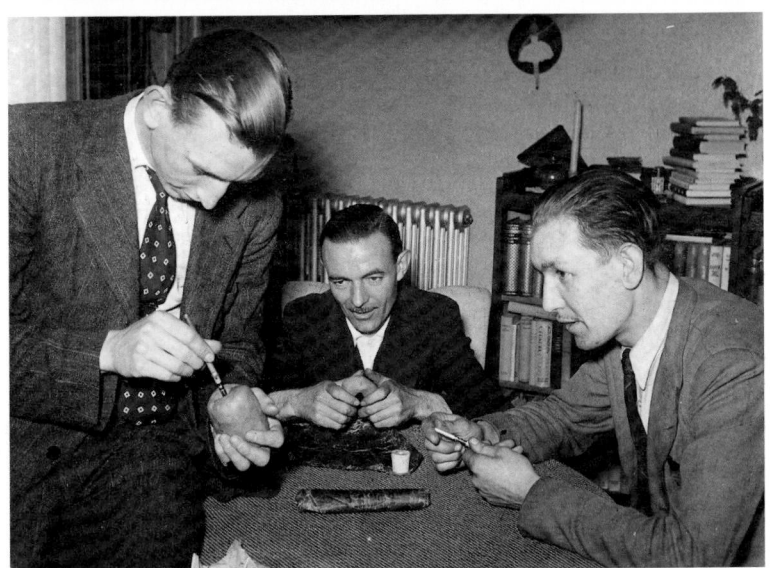

De Nederlandse illegaliteit is veel meer gericht op geestelijk verzet, zoals het uitgeven van verzetsbladen en hulp aan onderduikers, dan op gewapende actie. In vergelijking met landen als België en Frankrijk is het gewapende verzet traag op gang gekomen, mede uit onervarenheid hoe om te gaan met een bezettende macht. Nederland is immers in tegenstelling tot de omringende landen niet betrokken geweest bij de Eerste Wereldoorlog. Bovendien heeft de illegaliteit te kampen met een gebrek aan wapens. Pas na de geallieerde landingen in Normandië komen wapens en munitie ruimer beschikbaar dankzij geallieerde wapendroppings. Met de wapens worden instructies voor het gebruik meegestuurd. Op de foto bekijkt een groep illegale werkers in Amsterdam hoe zij moeten omgaan met kneedbommen en ontstekers.

I n Eindhoven, dat op 18 september wordt bevrijd tijdens operatie 'Market Garden', wordt een arrestant opgebracht door leden van de Binnenlandse Strijdkrachten (BS). Er zijn talrijke 'foute Nederlanders' die de komst van de geallieerden
niet afwachten en de wijk nemen naar het noorden of naar Duitsland. Van de achterblijvers worden er duizenden opgepakt. Niet alleen om een 'Bijltjesdag' te voorkomen, maar ook op dringend verzoek van de geallieerden. Die willen zich immers
veilig weten in bevrijd gebied. En al komt het hier niet tot moordpartijen zoals in
Frankrijk en België, de arrestaties verlopen vaak uiterst chaotisch en ook doen zich
talrijke wantoestanden voor. Niet alleen bij het oppakken van verdachten, maar
ook in de veelal geïmproviseerde gevangenkampen.

□ BEELDBANK WO2 / NIOD

Na de ineenstorting van de Duitse tegenstand in Normandië, eind augustus 1944, worden Noord-Frankrijk en België in slechts twee weken bevrijd. Maar dan stokt de geallieerde opmars. Operatie 'Market Garden', die opnieuw vaart moet brengen in de bevrijdingsoperaties, mondt uit in taaie en moeizame gevechten in Zuid-Nederland die de hele herfst voortduren. Pas begin november zijn in Zeeland de beide oevers van de Westerschelde gezuiverd van Duitsers en staan de Britten in Limburg aan de oevers van de Maas. Op 10 november trekken deze Poolse troepen het dorp Moerdijk binnen, waarmee de bevrijding van Brabant goeddeels is afgerond. Maar de hoop op beëindiging van de oorlog voor het einde van het jaar is dan al lang vervlogen.

Tijdens operatie 'Market Garden' maar ook in de weken daarna, als de geallieerden proberen de Duitse troepen uit het gebied beneden de grote rivieren te verdrijven, bieden deze vaak fel verzet. Steden als Vlissingen, Middelburg, 's-Hertogenbosch en Nijmegen worden zwaar bevochten. In Zeeuws-Vlaanderen en de Brabantse Westhoek, in de Peel en Noord-Limburg golft de strijd soms dagen of zelfs weken op en neer. Daarbij wordt een spoor van verwoesting getrokken en worden zelfs complete dorpen van de kaart geveegd. Ook de terugtrekkende Duitse eenheden richten veelal opzettelijke vernielingen aan. De bevrijding is dan ook voor lang niet iedereen een vreugdevol moment. Deze opname wordt gemaakt na afloop van de gevechten op 30 november 1944, ergens in het bevrijde Zuiden.

Als de geallieerde legers begin september 1944 na een bliksemsnelle opmars door Noord-Frankrijk en België eerst Brussel en vervolgens ook Antwerpen bevrijden, krijgen ze de grote haveninstallaties daar onbeschadigd in handen. Ze realiseren zich echter onvoldoende dat de Antwerpse haven pas bruikbaar is als ze ook de toegang daarvan via de Westerschelde beheersen. In oktober ondernemen ze alsnog pogingen hiertoe, maar de Duitsers hebben zich inmiddels hersteld. Om het felle Duitse verzet op Walcheren en Zuid-Beveland te breken, bombarderen de Britten de dijken bij Westkapelle, Veere en Vlissingen. De kustbatterijen worden daardoor uitgeschakeld, maar vervolgens moet er nog wekenlang hard gevochten worden. Op 4 december 1944, een maand na de Duitse overgave, staat het Walcherse dorp Sint-Laurens nog helemaal blank.

V anaf 1943 liquideert de illegaliteit tegenstanders, onder wie verraders die in de rangen van het verzet zijn geïnfiltreerd. Dergelijke acties zijn ook binnen de illegaliteit zelf niet onomstreden, onder meer omdat ze door de Duitsers met harde represailles worden beantwoord. De nadering van de geallieerden in september 1944 is voor de Nederlandse illegaliteit echter aanleiding om haar acties uit te breiden en te intensiveren. Niet alleen het aantal sabotagedaden neemt toe, ook de liquidaties van Duitsers, verraders en collaborateurs. Een van de slachtoffers is de Haagse politieman A.F. Aan, tevens lid van de NSB. Hij wordt op 29 december 1944 doodgeschoten als hij op de fiets op weg is naar zijn huis aan de Ribesstraat.

I n de laatste fase van de bezetting, bij de nadering van de geallieerden in de
nazomer van 1944, laten de Duitse autoriteiten hun pogingen om de Nederlanders als 'Germaans broedervolk' voor het nationaal-socialisme te winnen geheel
varen. Het toenemend verzet maakt hen duidelijk dat hun missie hopeloos is. Met
nietsontziende terreur proberen zij de illegaliteit van verdere verzetsdaden af te
houden. Niet alleen worden aanslagen en sabotagedaden beantwoord met het
executeren van willekeurige gevangenen, steeds vaker gebeurt dat ter afschrik-
king ook in het openbaar. Op 12 maart 1945 worden Rotterdammers op het Hof-
plein gedwongen toe te kijken bij het doodschieten van twintig *Todeskandidaten*
als represaille voor het neerschieten van een Duitse politieman. Een verzetsman
maakt daarvan deze illegale opname.

Na de hevige gevechten in de herfst van 1944 ligt de strijd om de bevrijding van Nederland in de daaropvolgende strenge winter goeddeels stil. Nadat de troepen van Bernard Montgomery eind maart in Duitsland de Rijn zijn overgestoken, krijgen de Canadezen en Britten de opdracht om vanuit het Rijnland, als het ware via de achterdeur, ook Oost- en Noord-Nederland te bevrijden. Dit gebied is in de meidagen van 1940 door de Duitse troepen in een dag tijd onder de voet gelopen, maar nu moet hiervoor flinke strijd geleverd worden. De Canadese Vierde Pantserdivisie bevrijdt op 1 april Enschede en twee dagen later Hengelo. Na de strijd poseren de geallieerde bevrijders met enkele trofeeën: een Duitse officierspet en een portret van Adolf Hitler.

☐ NATIONAAL ARCHIEF, ANEFO

B ij de verdere bevrijding van Oost- en Noord-Nederland worden de Canadezen en Britten door de bevolking enthousiast onthaald. Juist de periode voorafgaande aan de bevrijding is voor de inwoners van deze gebieden de zwaarste uit de hele bezettingstijd geweest. Met de nederlaag in het zicht hebben de Duitsers de terreur tegen de bevolking nog verhevigd. Op hun terugtocht richten zij grote vernielingen aan. Ook vallen er slachtoffers onder de burgerbevolking bij geallieerde luchtbombardementen en artilleriebeschietingen op vijandelijke doelen. De opluchting over de komst van de bevrijders is dan ook enorm. Op de foto krijgt dorpsjeugd chocolade uitgedeeld door Britse soldaten, een traktatie die zij lang heeft moeten missen, volgens het officiële foto-onderschrift van de Britse legerpersdienst.

Inwoners van Utrecht begroeten met gejuich het einde van de oorlog op 7 mei 1945. Op Dolle Dinsdag, 5 september 1944, had het er even naar uitgezien dat de bevrijding voor hen nog slechts een kwestie van enkele uren was. Maar voor de bevolking in West- en Midden-Nederland zal het nog acht maanden duren voor zij werkelijk vrij zijn. Maanden die door de strenge winter, door het gebrek aan voedsel en brandstof en door het meedogenloze optreden van de Duitsers de zwaarste van de hele bezettingstijd zijn. Dit deel van Nederland wordt ook niet gewapenderhand bevrijd zoals de rest van het land. Voordat de geallieerde troepen aan een dergelijke bevrijdingsactie toekomen, hebben de Duitsers namelijk in heel Europa gecapituleerd.

□ BEELDBANK WO2 / NIOD, PLANET PHOTO

In tegenstelling tot Frankrijk en België, waar zich na de bevrijding talrijke ongecontroleerde moordpartijen op politieke tegenstanders en collaborateurs voordoen, is in Nederland van eigenrichting geen sprake. Dat neemt echter niet weg dat veel Nederlanders in de dagen volgend op de bevrijding lucht willen geven aan hun haat- en wraakgevoelens. Slachtoffers zijn meestal NSB'ers, die publiekelijk vernederd worden, en ook zogeheten 'moffenmeiden', vrouwen en meisjes wier enige 'wandaad' eruit bestaat dat ze in de bezettingsjaren omgang met een Duitser hadden. Op tal van plaatsen in het land worden dergelijke meisjes kaalgeknipt en vaak ook nog verder mishandeld. Slechts zelden wordt door de autoriteiten hiertegen opgetreden.

O p de foto van begin mei 1945 trekken Duitse soldaten na de capitulatie op de fiets weg uit het Gooi. Hun wapens en uitrusting moeten zij nog inleveren. De overgave van de Duitse troepen in Nederland levert een gespannen situatie op. Veldmaarschalk Bernard Montgomery heeft op 4 mei in zijn hoofdkwartier op de Lüneburger Heide de overgave van alle Duitse troepen in Noord-West Europa aanvaard. Daarbij is bepaald dat de capitulatie van de eenheden in Nederland de volgende morgen om 8.00 uur zal ingaan. Maar de Duitse bevelhebber in Nederland, *Generaloberst* Johannes Blaskowitz, legt zich hierbij niet neer en begint eigen onderhandelingen in hotel De Wereld in Wageningen. Pas op 6 mei tekent hij de overgave en zijn de Nederlanders echt vrij.

In juni 1945 maakt een Amerikaanse legerfotograaf deze opname van een zeer Hollands tafereel, de kaasmarkt in Alkmaar. Zo te zien is het niet alleen voor de soldaten, maar ook voor de Nederlandse omstanders verrassend om de herleving van deze folklore mee te maken. En geen wonder, want nog maar enkele weken tevoren hadden geallieerde vliegtuigen in het kader van operatie 'Manna' voedselpakketten afgeworpen boven bezet gebied. Omdat na de bevrijding van Oost- en Noord-Nederland voedseltransporten over het IJsselmeer zijn stilgelegd, heeft er in het vroege voorjaar een hongersnood gedreigd voor de miljoenen in het nog niet bevrijde westen van het land. Met goedkeuring van de Duitsers leveren de geallieerden eind april, begin mei deze bijdrage aan de voedselvoorziening.

Een feestelijk tafereel in Arnhem, waar in de zomer van 1945 een joodse overlevende uit het concentratiekamp terugkeert bij zijn woning. De kennelijk hartelijke ontvangst met een intocht per koets, met bloemen en een begroeting door de pastoor van de parochie is echter eerder uitzondering dan regel. De weinigen die uit de concentratiekampen terugkeren – slechts 5500 van de 107.000 die zijn weggevoerd – doen bij thuiskomst vaak traumatische ervaringen op. Er is weinig begrip voor het leed dat joden in de kampen ervaren hebben, het blijkt uitermate moeilijk om het achtergelaten bezit op te sporen en velen worden geconfronteerd met oplevend antisemitisme. De overheid wenst voor de joodse slachtoffers geen aparte voorzieningen te treffen. Onbegrip beheerst de verhoudingen.

□ BEELDBANK WO2 / NIOD

Na de Duitse overgave in Europa op 8 mei 1945 gaat de oorlog in het Verre Oosten in alle hevigheid door. Pas na het inzetten van de atoombommen op Hiroshima en Nagasaki leggen de Japanners het hoofd in de schoot. De officiële bekrachtiging van de Japanse capitulatie vindt plaats op 2 september 1945 aan boord van het Amerikaanse slagschip 'Missouri'. De Japanse militaire bevelhebbers en de in jacquet en hoge hoed gestoken vertegenwoordigers van de Japanse regering kijken daar toe als ook de Nederlandse vice-admiraal C.E.L. Helfrich ondertekent en daarmee de onvoorwaardelijke overgave van Japan in Nederlands-Indië aanvaardt. Maar omdat Indonesische nationalisten onder Soekarno inmiddels de onafhankelijkheid hebben uitgeroepen, ontspint zich in dit gebied een nieuwe strijd om de macht.

Het is mede aan de mateloze bewondering door koningin Wilhelmina te danken dat illegale werkers na de oorlog een heldenstatus verwerven. Dat blijkt ook op 27 november 1945 bij de (her-)begrafenis van Hannie Schaft op de erebegraafplaats Bloemendaal, waar zij als enige vrouw te midden van 422 gefusilleerde verzetsstrijders wordt bijgezet. Behalve leden van het kabinet zijn bij die plechtigheid ook de koningin en prins Bernhard aanwezig. Nog maar enkele jaren later zal onder invloed van de Koude Oorlog de stemming geheel omslaan. Als het Hannie Schaft-herdenkingscomité, dat nauwe banden onderhoudt met de Communistische Partij Nederland, in 1951 een demonstratieve optocht van Haarlem naar de begraafplaats wil houden, wordt de deelnemers door een grote politiemacht, uitgerust met gevechtswagens en honden, de doorgang belet.

☐ IISG, FOTO BEN VAN MEERENDONK

Na de Duitse overgave is het gevaar nog niet meteen geweken. Talrijke gebieden liggen nog bezaaid met mijnen, onontplofte bommen en munitie. Soms gaat het om *booby-traps*, door de Duitsers opzettelijk achtergelaten. Vrijwel dagelijks vallen daardoor nog slachtoffers. Voor boeren houdt het werken op het land groot gevaar in omdat veel akkers en weilanden met mijnen belegd zijn, net als de wegen er naar toe. Vanzelfsprekend heeft het achtergelaten wapentuig grote aantrekkingskracht op de jeugd. Kinderen gaan op zoek naar niet ontplofte munitie, met alle risico's van dien. Met speciale voorlichtingscampagnes door brandweer en politie, waarbij de kinderen persoonlijk worden toegesproken en waarbij zelfs ongelukken in scène worden gezet, proberen de autoriteiten de kinderen tot verstandiger gedrag aan te zetten.

Na de bevrijding blijkt dat een groot aantal joodse kinderen die door onderduik aan deportatie zijn ontkomen, wees geworden is. Een extra complicatie is dat veel van deze kinderen in niet-joodse milieus zijn ondergebracht en inmiddels vervreemd van de joodse gemeenschap die de zorg voor deze kinderen opeist. Daarover doen zich verschillende, uitermate schrijnende conflicten voor. Een deel van de joodse weeskinderen, zoals hier op de foto van januari 1946, wordt ondergebracht bij de Rhudelsheimstichting. Deze heeft de beschikking over een tehuis in de bossen bij Hilversum waar voorheen verstandelijk gehandicapte kinderen werden verzorgd. In april 1942 was het tehuis gevorderd door de *Wehrmacht*. De kinderen waren toen elders ondergebracht, maar een jaar nadien alsnog weggevoerd naar de vernietigingskampen.

Na de Duitse capitulatie in mei 1945 zal het door gebrek aan transportmidde-
len nog maanden duren voor alle geallieerde troepen naar huis verscheept
zijn. In de tussentijd zoeken ze naar vermaak om de verveling te verdrijven. Steden
als Amsterdam en Utrecht, die zijn aangewezen als officieel uitgaanscentrum
(*Leave centre*), worden iedere week overspoeld door Canadese militairen, die uiteraard grote aantrekkingskracht uitoefenen op Nederlandse vrouwen en meisjes.
'Trees heeft een Canadees', zingt Albert de Booij, en het wordt een grote hit. Naar
schatting 4000 'bevrijdingskinderen' worden er geboren. Sommige van de contacten zijn blijvend. In 1946 maken in totaal 1866 'oorlogsbruiden' een door de Canadese regering betaalde overtocht naar hun nieuwe vaderland. Deze Canadese
bruidjes voeren uit op 15 augustus.

Dr. Loe de Jong poseert in de zomer van 1946 met het voltallige personeel van het Rijksinstituut voor Oorlogsdocumentatie in het statige pand aan de Herengracht. Nog in Londen, waar hij werkte bij Radio Oranje, had De Jong de regering weten te overtuigen van de noodzaak om documentatie over de tijd van oorlog en bezetting centraal bijeen te brengen. Na zijn terugkeer in Nederland blijkt dat professor Nico Posthumus precies hetzelfde idee had en zelfs al in de praktijk had gebracht: drie dagen na de bevrijding had Posthumus het Rijks-instituut voor Oorlogsdocumentatie opgericht: er is een bestuur, een pand en personeel. Alleen is er nog niemand voor de dagelijkse leiding. Dat wordt Loe de Jong.

□ BEELDBANK WO2 / NIOD, FOTO SCHREUDER

Op 2 oktober 1946 keren trams die tijdens de bezetting geroofd zijn, terug in Nederland. Aan de Cruquiusweg in Amsterdam wordt een van de teruggehaalde wagons met een krans behangen. Trams hebben in de oorlogsjaren een steeds belangrijker rol gespeeld in het verkeer. Door de fietsenvordering durfden velen hun rijwiel niet meer te gebruiken. Automobilisten hadden te kampen met een gebrek aan benzine en dat belemmerde tegelijkertijd het busvervoer. Geen wonder dus dat trams in 1943 twee maal zoveel passagiers vervoerden dan drie jaar tevoren. Maar tegen het einde van de oorlog en zeker na het begin van de spoorwegstaking namen de bezetters op grote schaal trein- en trammaterieel in beslag. Na 9 oktober 1944 reed nergens meer een tram.

De traditionele Amerikaanse *Memorial Day* op de laatste maandag van mei ter herdenking van de gesneuvelden wordt in 1947 voor het eerst gehouden op het oorlogskerkhof in het Limburgse Margraten. De begraafplaats is in de voorgaande maanden aangelegd onder onmogelijke omstandigheden: wekenlang aanhoudende herfstregens, gevolgd door de strengste winter sinds jaren. Desondanks hebben op dat moment ongeveer 17.000 gesneuvelden een rustplaats gevonden, gevallen bij de bevrijding van Limburg, tijdens het Ardennenoffensief en bij de gevechten in Duitsland. Hun graven worden bedolven onder een zee van bloemen, die een dag tevoren in zo'n zestig Limburgse dorpen zijn opgehaald. Sindsdien zijn veel van de gesneuvelden naar hun land van herkomst overgebracht. Thans omvat Margraten nog 8301 grafmonumenten.

☐ NATIONAAL ARCHIEF, ANEFO, FOTO J.D. NOSKE

Op 28 augustus 1947 inspecteert een gezelschap, onder wie minister van Economische Zaken G.W.M. Huysmans en mr. J. Jolles, hoofd van het Bureau Oorlogsbuit van het ministerie van Financiën, een partij diamanten ter waarde van miljoenen guldens, die zojuist door Duitsland is teruggegeven. In de oorlog hadden de eigenaren hun diamanten moeten inleveren bij het Rijksbureau voor Diamant. Dat had de stenen ondergebracht in de kluizen van een filiaal van de Nederlandsche Bank in Arnhem. Daaruit waren ze door de Duitse bezetter geroofd. Sommige partijen waren door de Duitsers zozeer vermengd, dat het niet goed mogelijk was de oorspronkelijke eigenaren te achterhalen. Een speciaal daarvoor opgerichte Stichting Teruggevoerde Diamant belast zich met de verkoop en de financiële afwikkeling daarvan.

Al kort na de oorlog neemt de regering het besluit dat er een nationaal oorlogsmonument moet komen en wel op het centrale punt van de hoofdstad: de Dam in Amsterdam. In afwachting van een definitief ontwerp wordt in 1947 op de Dam een gebogen bakstenen muur gebouwd naar ontwerp van ir. A.J. van der Steur en ir. A. Komter. De muur is voorzien van nissen waarin urnen staan met aarde, afkomstig van fusilladeplaatsen en erebegraafplaatsen. Elke provincie levert een urn. Later komt daarbij nog een urn met aarde uit het voormalig Nederlands-Indië. Met een kranslegging door koningin Wilhelmina op 13 december 1947 wordt het voorlopige monument ingewijd. Haar dochter Juliana onthult op 4 mei 1956 het uiteindelijke Nationaal Monument.

☐ IISG, ALGEMEEN HOLLANDS FOTOPERSBUREAU

Op 3 mei 1948 begint voor het Bijzonder Gerechtshof in Den Haag het proces tegen Hanns Albin Rauter, als *Höhere SS- und Polizeiführer* en *Generalkommissar für das Sicherheitswesen* verantwoordelijk voor het Duitse politieoptreden in Nederland. Rauter is na zijn ernstige verwonding bij een aanslag in maart 1945 en enkele jaren voorarrest nog slechts een schim van de arrogante en brute nazi uit de bezettingsjaren. Maar voor de meesten is hij nog steeds symbool voor de nazi-onderdrukking, verantwoordelijk voor de deportaties van de joden, de bestrijding van het verzet, de tewerkstelling in Duitsland van honderdduizenden en het gewelddadig breken van de Februaristaking. Het proces resulteert in een doodvonnis, in hoger beroep bevestigd en op 24 maart 1949 ten uitvoer gelegd.

In 1945 was Ratio Koster, een jonge arbeider bij de Amsterdamse Droogdok Maatschappij, lid geworden van het socialistische Algemeen Nederlandse Jeugd Verbond en kort nadien ook van de Communistische Partij Nederland. In 1947 werd Koster, toen dienstplichtig militair, opgepakt omdat hij in de kazerne het blad *Eén* van de ANJV had verspreid, met daarin protesten tegen de uitzending van Nederlandse militairen naar Indonesië. Na een voorarrest van negen maanden wordt hij tot drie jaar gevangenisstraf veroordeeld. De CPN blijft echter tegen zijn veroordeling ageren en weet een herziening van het proces te bewerkstelligen. Daarin wordt Koster alsnog vrijgesproken en vervolgens in vrijheid gesteld. Bij zijn thuiskomst in Amsterdam op 24 november 1948 wordt hij enthousiast onthaald door vrienden en partijgenoten.

☐ IISG, FOTO BEN VAN MEERENDONK

De trauma's van oorlog en bezetting hebben bij veel Nederlanders wraakgevoelens losgemaakt. Die uiten zich onder meer in de roep om annexatie van
Duits grondgebied. Sommigen hebben daarvan overspannen verwachtingen en
eisen als schadevergoeding en waarborg tegen toekomstige agressie een gebied
van 50.000 vierkante kilometer, waar zo'n 8 miljoen Duitsers wonen. Na veel discussie wordt in maart 1949 op twee plaatsen, bij Elten en Tudderen, de Duits-
Nederlandse grens gecorrigeerd, waardoor Nederland wordt uitgebreid met een
gebied van zegge en schrijve 70 vierkante kilometer en 10.000 inwoners. Deze zijn
hiervan zelf niet gediend, zoals blijkt uit de leus die in de zomer van dat jaar in
Elten op een fontein wordt gekalkt. In 1963 wordt de grenscorrectie weer onge-
daan gemaakt.

Dat het oorlogsmonument in Putten op de Veluwe op 1 oktober 1949 wordt
onthuld door koningin Juliana is vanzelfsprekend een erkenning van het
buitensporige leed dat dit dorp in de oorlog is overkomen. Als vergelding voor een
aanslag door het verzet in oktober 1944 op een Duitse auto, waarbij een Duitse
officier om het leven komt en een andere gewond raakt, gelast de Duitse bevelhebber generaal F.C. Christiansen een razzia tegen de bevolking van het nabijgelegen Putten. Meer dan 100 huizen worden platgebrand, ruim 600 mannen worden
uit het dorp weggevoerd, van wie nog geen 100 de concentratiekampen overleven. In 1977 vertoont de VARA een documentaire over dit drama, die in de gesloten
gemeenschap van Putten grote beroering wekt.

☐ NATIONAAL ARCHIEF, ANEFO, FOTO J.D. NOSKE

Arie Wilschut

Overheid en gezag

De jaren '40 tonen een boeiend mozaïek van overheids- en gezagsverhoudingen. De steentjes voor dit mozaïek zijn een regering in ballingschap, een Duitse en een Japanse bezetter, burgemeesters in bezettingstijd, geallieerde bevrijdingstroepen, het militair gezag, een eigenzinnige koningin, een pas in 1946 gekozen parlement en politici met een 'doorbraak'-gedachte. Want wie is er nu de baas in het land en zijn koloniën? Dit hoofdstuk laat zien hoe ingewikkeld de verhoudingen zijn.

P recies negen maanden voor de Duitse inval op 10 mei 1940 krijgt Nederland
een nieuwe regering en een nieuwe minister-president. In plaats van Hendrik Colijn, die het schip van staat vanaf 1933 met vaste hand door de crisisjaren heeft geleid, treedt jonkheer mr. Dirk Jan de Geer aan, een heel wat minder standvastig staatsman. Voor het eerst in de geschiedenis van Nederland zijn er nu ook twee sociaal-democratische ministers. Zou het toeval zijn dat juist zij op deze foto op het bordes van het paleis wat weggemoffeld zijn geraakt achter de brede ruggen van de overigen? Het gaat om de tweede en zesde persoon van links, dr. J. van den Tempel (Sociale Zaken) en ir. J.W. Albarda (Waterstaat). De Geer is de derde van links.

☐ NATIONAAL ARCHIEF, ELSEVIER, FOTO POLYGOON

Na het terreurbombardement op Rotterdam, op 14 mei 1940, capituleert het Nederlandse leger voor de Duitse overmacht. Het Duitse gezag – eerst nog even een militaire bezetting – krijgt het hele land in zijn greep. Op de stadsgrens van Amsterdam, bij Diemen, verwelkomt wethouder G.C.J.D. Kropman, in gezelschap van de Duitse consul, op de 15e mei om één uur 's middags de nieuwe machthebbers. Aan de houdingen en gezichtsuitdrukkingen is wel te zien dat de Duitser meer genoegen aan deze gebeurtenis beleeft dan de Amsterdammer.

Bij de installatie van Seyss-Inquart in de Ridderzaal zijn veel Duitse militairen aanwezig. Men ziet ze hier de Hitlergroet brengen. Op de voorgrond het orkest van de Keulse radio dat speciaal uit Duitsland is overgekomen om de plechtigheid op te luisteren met een ouverture van Wagner. De burgerheren op de voorste rij rechts, die er enigszins als geslagen honden bij staan, zijn de secretarissen-generaal van de Nederlandse departementen. Als hoogste ambtenaren krijgen zij – direct onder het Duitse gezag – de leiding van het land in handen. De ministers zijn immers naar Londen gevlucht. Bij de installatie kunnen de secretarissen-generaal niet wegblijven, maar een uitnodiging van Seyss-Inquart om na afloop met hem te lunchen, slaan ze af.

Het Duitse militaire bestuur zal niet lang aanblijven. Het lijkt er op deze foto niet op met al die uniformen, maar het bezette Nederlandse gebied krijgt een bestuur van burgers, met als hoogste gezagsdrager de Rijkscommissaris voor het Bezette Nederlandse Gebied, dr. Arthur Seyss-Inquart. Hier ziet men hem na zijn officiële installatie in de Ridderzaal in Den Haag op 29 mei 1940. De Oostenrijkse jurist en politicus speelde in zijn eigen land een belangrijke rol bij de aansluiting (*Anschluss*) van Oostenrijk bij Duitsland. Misschien verwachtte Hitler dat hij dat kunststukje nog eens zou herhalen. Hij probeert de Nederlanders aanvankelijk met vriendelijke woorden te paaien om ze voor het nationaal-socialisme te winnen. Tevergeefs.

I n juli 1940 richt een drietal jonge Nederlandse politici de Nederlandsche Unie op, een politieke beweging die tot doel heeft onder 'erkenning van de gewijzigde verhoudingen' en 'in contact met de Nederlandsche en bezettingsautoriteiten' een nieuw Nederland op te bouwen. Ondanks de compromisbereidheid die uit deze beginselen spreekt, zien velen de Unie kennelijk als iets echt 'Nederlands', geen landverraad zoals de NSB. Het aantal leden van de Unie groeit dan ook als kool tot wel een half miljoen (de NSB haalt nooit de honderdduizend). De bladen van beide bewegingen, *De Unie* en *Volk en Vaderland*, worden vaak, zoals hier op de foto, in onderlinge concurrentie aan de man gebracht, wat regelmatig aanleiding geeft tot opstootjes. De agent op de hoek van de Dam en de Kalverstraat staat er dan ook niet voor niets.

Seyss-Inquart, geflankeerd door een aantal geüniformeerde gezagsdragers, neemt op 12 februari 1941 op de Dam in Amsterdam het defilé af van de Duitse *Ordnungspolizei*, die naar de kleur van haar uniformen bekend staat als *Grüne Polizei*. Deze demonstratie van gezag aan de – zorgvuldig op afstand gehouden – Amsterdammers kan niet verhinderen dat dertien dagen later de Februaristaking in de hoofdstad uitbreekt als uiting van solidariteit met het vervolgde joodse volksdeel van de stad.

HZ-68151

De Nederlandse politie gaat onder de bezetting door met het uitoefenen van haar taak, loyaal meewerkend met de wettige overheid zoals zij dat gewend is, zoals hier in Den Haag in 1941. Natuurlijk staat de politie wel onder scherp Duits toezicht, wat goed tot uitdrukking komt op deze foto. De Nederlander bestuurt de motor, maar wordt goed in de gaten gehouden door de Duitser in de zijspan, die het bordje met het Duitse opschrift *Halt, Polizei* hanteert. De Nederlandse politie die traditioneel bestond uit gemeente- en rijkspolitie, wordt georganiseerd tot een staatspolitie onder leiding van de *Höhere SS und Polizeiführer* Hanns Albin Rauter.

Behalve door colportage en abonnementen wordt het blad *De Unie* van de Nederlandsche Unie ook aan de man gebracht via speciale kiosken en andere verkooppunten, zoals hier op de Scheveningse boulevard in 1941. Boven het loket hangen de portretten van drie oprichters en voormannen van de Unie, van links naar rechts Jan de Quay, Johannes Linthorst Homan en Louis Einthoven. Hoewel ook nog reclame gemaakt wordt voor Droste-producten, laat de rest van de uit-dossing van de kiosk er weinig twijfel over bestaan waar deze voor bedoeld is.

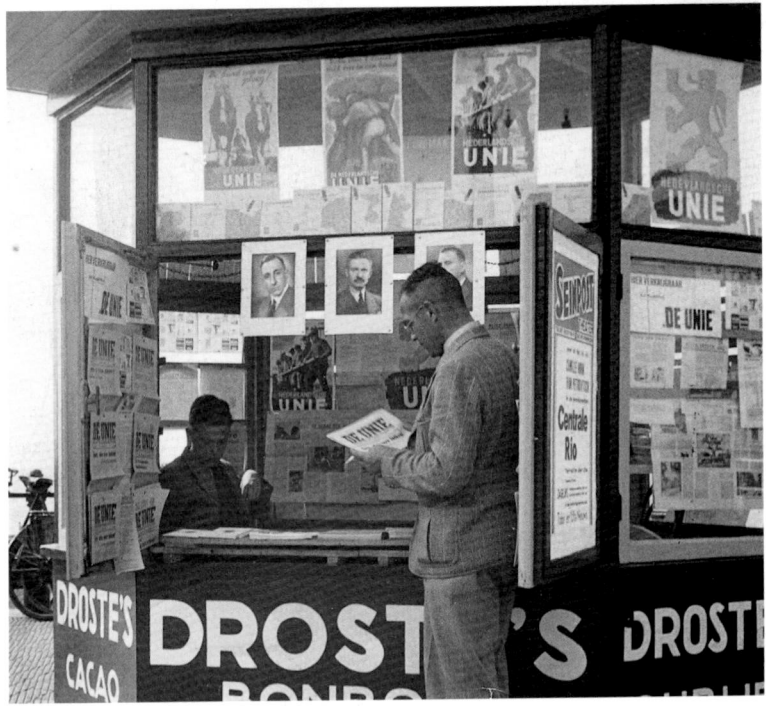

Naast de bekende richtingborden en wegwijzers van de ANWB duiken in het straatbeeld Duitse wegwijzers op, die het voor de bezetters gemakkelijk maken de voor hen belangrijke locaties te vinden. Voor militairen zijn de *Ortskommandanturen* – plaatselijke hoofdkwartieren – uiteraard belangrijke centra. Het plaatselijke hoofdkwartier van Den Haag deelt hier op een bord gedateerd 10 september 1941 aan Duitse militairen mede dat het verboden is op eigen gelegenheid onderdak te zoeken zonder toestemming van de commandant ter plaatse.

☐ BEELDBANK WO2 / NIOD

Op 6 september 1941 wordt de nieuwe commandant van de Amsterdamse brandweer, J.P. Schuitemaker, plechtig geïnstalleerd door burgemeester Edward Voûte. Deze burgervader is aangetreden nadat het gehele Amsterdamse gemeentebestuur in verband met de Februaristaking van 1941 is ontslagen. Hoewel Voûte geen lid is van de NSB, is hij wel een Duits-vriendelijke gezagsdrager, een willig instrument in handen van de bezetter. Zijn naam kan dan ook gemakkelijk aanleiding zijn voor een woordspeling: 'foute Voûte'.

BEELDBANK WO2 / NIOD, POLYGOON, FOTO HARRY SAGERS □

De 'burgemeester in oorlogstijd' is na de bezetting een staande uitdrukking geworden voor het dilemma waarmee gezagsdragers kunnen worden geconfronteerd: blijven meewerken aan een regime dat afkeuring verdient, alleen om 'erger te voorkomen', of principieel zijn en medewerking weigeren? Als een burgemeester om principiële redenen ontslag neemt, kan hij er zeker van zijn dat zijn plaats wordt ingenomen door een NSB'er die zeer loyaal zal meewerken met de bezettingsautoriteiten, waardoor de toestand voor de bewoners van de gemeente er waarschijnlijk niet beter op wordt. Maar blijven zitten betekent meewerken met 'foute' maatregelen. Op de foto de nieuwe burgemeester van Zaandam, H. Vitters, die in augustus 1942 wordt geïnstalleerd. Het uniform en het portret van Mussert op de achtergrond laten weinig te raden over zijn politieke voorkeuren.

☐ BEELDBANK WO2 / NIOD

De populariteit van het Oranjehuis wordt tijdens de bezetting groter dan ooit. In bezet gebied circuleren duizenden illegale foto's van de Oranjes, kopieën van afbeeldingen die in Engeland en Canada zijn gemaakt. Veel moeilijker zal het geweest zijn om aan een foto als deze te komen. Trotse vader Bernhard presenteert zijn op 19 januari 1943 te Ottawa (Canada) geboren dochter Margriet Francisca in het plaatselijke burgerziekenhuis. In bezet Nederland, dat via Radio Oranje van de geboorte verneemt, is de vreugde groot. Prinses Margriet wordt, aldus het illegale *Vrij Nederland* in februari 1943, 'het symbool van de herrijzenis van ons volk, dat in deze dagen vuriger hoopt dan ooit tevoren'.

De Nederlandse bisschoppen in vergadering bijeen in Utrecht; van links naar rechts J.P. Huybers (Haarlem), P. Hopmans (Breda), J. de Jong (aartsbisschop van Utrecht), G. Lemmens (Roermond) en W.P.A.M. Mutsaerts (Den Bosch). Aartsbisschop De Jong toont tijdens de bezetting een standvastige anti-nationaal-socialistische houding. Begin 1941 laat hij een bisschoppelijk mandement uitgaan waarin staat dat alleen al het lidmaatschap van de NSB voor katholieken 'in hoge mate ongeoorloofd' is. Aan NSB'ers, leden van de WA en van de SS dienen de kerkelijke sacramenten te worden onthouden. Deze maatregel komt hard aan bij de volgelingen van Mussert.

Niet lang nadat het Nederlandse gebied ten zuiden van de grote rivieren is bevrijd, arriveren enkele ministers uit Londen op Nederlandse bodem op vliegveld Welschap bij Eindhoven: jhr. ir. O.C.A. van Lidt de Jeude (Oorlog), ir. J. van den Broek (Handel, Nijverheid en Landbouw), premier mr. P.S. Gerbrandy, dr. G.J. van Heuven Goedhart (Justitie) en mr. J.A.W. Burger (Binnenlandse Zaken). De ministers zijn 'Londense buitenstaanders' die jaren lang niet in Nederland zijn geweest. In de bevrijde gebieden heerst een Militair Gezag (MG) dat de Londense ministers eigenlijk niet graag ziet komen. Het duurt niet lang voordat enkele leden van het kabinet na een conflict met het MG vervangen worden. Van een normaal functionerende regering met een parlement is nog lang geen sprake.

D rie grote landelijke verzetsorganisaties, de Ordedienst (OD), de Landelijke
Knokploegen (LKP) en de Raad van Verzet (RVV), worden op 5 september
1944 gebundeld in één strijdmacht, de Binnenlandse Strijdkrachten (BS). Op deze
manier hopen de verzetsorganisaties door de geallieerde bevrijders als serieus
leger erkend te worden. De Nederlandse regering in Londen is met de bundeling
akkoord gegaan op voorwaarde dat men zich onder een eenhoofdig bevel schaart:
dat van prins Bernhard. Die heeft er een hele kluif aan de ongeregelde vrijbuiters
in het gareel te krijgen. Ze zijn immers gewend alles op eigen gezag te doen en
zich niet te storen aan autoriteiten. De prins opereert de eerste maanden van 1945
zonder vaste verblijfplaats vanuit Brabant.

Na de plechtige grensoverschrijding volgt een rondreis van koningin Wilhelmina door Zeeuws-Vlaanderen, de rest van Zeeland, en verder via Noord-Brabant naar Limburg. Tweemaal had zij in het najaar van 1944 al geprobeerd het bevrijde zuiden te bezoeken, maar de ministers vonden dat toen te riskant. De vorstin reist in een door de Britten ter beschikking gestelde gepantserde auto. Toch wordt haar route zorgvuldig geheim gehouden uit angst voor aanslagen. Geen wonder dat de lokale bevolking verrast opkijkt als de koningin ergens opduikt. Vervolgens kent het enthousiasme meestal geen grenzen, zoals hier in het Zeeuws-Vlaamse Sluis, waar de vorstin poseert tussen uitbundige bevrijde Nederlanders.

Op 24 juni 1945, ruim een maand na de bevrijding, benoemt koningin Wilhelmina het kabinet Schermerhorn-Drees als overgangs- of 'noodkabinet'. Ir. W. Schermerhorn is zevende van rechts, W. Drees vijfde van rechts. Wel ontbreekt nog de basis waarop kabinetten in Nederland altijd worden benoemd: een meerderheid in het parlement. Sterker nog: de regering functioneert de eerste maanden zonder parlement. Pas in november 1945 treedt weer een Tweede Kamer aan, die echter nog niet gekozen is. Het parlement bestaat uit de in 1937 gekozen Kamerleden, minus de NSB'ers en andere 'landverraders' die zijn vervangen door leden van 'het verzet'. Het duurt nog tot 1946 voor er weer verkiezingen worden gehouden. Dit lange uitstel wordt soms in verband gebracht met de bij sommigen bestaande twijfel of de oude parlementaire democratie wel moet terugkeren.

Na een scheiding van meer dan vijf jaar arriveert het prinselijk gezin van Juliana weer op Nederlandse bodem op het vliegveld Teuge bij Deventer. Ze worden opgewacht door prins Bernhard, die eerder met zijn eigen machine is geland. Dat nu ook Juliana en haar drie dochters, inclusief de in Ottawa geboren prinses Margriet, zich weer te midden van hun volk bevinden moet voor veel Nederlanders een teken zijn dat langzamerhand de normale toestanden weer terugkeren.

Na vijf jaar bezetting door een totalitaire mogendheid die niets anders gedaan heeft dan rondbazuinen dat er een nieuwe tijd zal aanbreken zonder democratische besluiteloosheid, kan het voor de ambtenaren geen kwaad het geheugen weer wat op te frissen. De laatste Tweede Kamerverkiezingen dateren immers van mei 1937. Bovendien geldt nog steeds een opkomstplicht voor alle stemgerechtigden. In november 1945 wordt deze foto van een dergelijke cursus genomen. Overigens worden de verkiezingen pas op 17 mei 1946 gehouden, bijna negen jaar na die van 1937.

Ook zonder nieuwe verkiezingen wordt in het najaar van 1945 de zitting van de Staten-Generaal traditiegetrouw in de Ridderzaal geopend: op 20 november 1945. De enigszins in onbruik geraakte troon is van tevoren zorgvuldig geïnspecteerd, zo blijkt uit deze foto. Overigens verloopt de opening zonder veel ceremonieel vertoon – geen Gouden Koets bijvoorbeeld. Gezien de noodsituatie waarin het land zich bevindt vindt koningin Wilhelmina zulke uiterlijkheden niet gepast. De wijze waarop de regering het herstel van een enigszins normale toestand wil aanpakken, is een belangrijk thema in de toespraak van de vorstin. Ook de voortdurende oorlogstoestand in Nederlands-Indië vraagt de aandacht.

Moeten al die oude politieke partijen van voor de oorlog nu werkelijk gewoon weer terugkomen? Met die verzuilde hokjesgeest? Tijdens de bezetting is onder een aantal Nederlanders een nieuw eenheidsgevoel gegroeid: samen tegen de overweldiger. Een vernieuwd Nederland zal opstaan, waarin de kleinzieligheden en haarkloverijen van voor de oorlog geen plaats meer hebben. De muren tussen de traditionele zuilen en partijen moeten worden doorbroken. Geen 'herstel', maar 'vernieuwing': doorbraak. Voor deze gedachte wordt op de foto gepleit door colporteurs van het blad *De Doorbraak* in december 1945.

V an alle idealistische plannen rond de afbraak van de oude hokjesgeest zal maar weinig terechtkomen. De oude protestants-christelijke partijen worden gewoon voortgezet: de Christelijk-Historische Unie, de Anti-Revolutionaire Partij en de Staatkundig Gereformeerde Partij. De katholieke partij krijgt weliswaar een nieuwe naam, maar gaat in hoofdzaak door zoals ze gewend is: de Katholieke Volkspartij (KVP). Vernieuwing kan nog plaatsvinden bij de socialisten en de liberalen. Op 6 februari 1946 wordt in het Amsterdamse hotel Krasnapolsky de Partij van de Arbeid opgericht, bedoeld als echte doorbraakpartij. Tijdens het oprichtingscongres blijkt echter dat haar aanhang toch voornamelijk bestaat uit de vooroorlogse sociaal-democraten.

IISG □

De door zijn rol in de oorlog immens populaire prins Bernhard en de troon-
opvolgster prinses Juliana nemen na hun terugkeer in het vaderland hun
intrek weer op paleis Soestdijk. Zij hadden dit paleis na hun huwelijk in 1937 als
hun woning in gebruik genomen. De eerste verjaardag van de prinses op 30 april
1946 wordt groots gevierd. De trappen van het paleis worden bedolven onder een
bloemenhulde, een traditie die tijdens het koningschap van Juliana nog jaren zal
worden voortgezet onder de naam 'het defilé'.

De vakbeweging is in Nederland, net als zoveel sectoren van de samenleving, traditioneel verzuild: er is een katholieke, een protestants-christelijke en een socialistische vakcentrale. Dat strookt niet met socialistische gedachten over een verenigd proletariaat. De communisten gebruiken hun sterke positie na de oorlog om te proberen te komen tot één verenigd arbeidersfront in de vorm van de Eenheids Vakcentrale (EVC). Op de foto een communistische optocht in Amsterdam ter gelegenheid van de 1 mei-viering van 1946. Het spandoek steunt op ondubbelzinnige wijze het streven naar een verenigd Nederlands proletariaat. Het zal er echter niet van komen: de EVC slaagt er niet in de verzuilde vakcentrales te verdringen.

IISG, FOTO BEN VAN MEERENDONK ☐

83

1946

Op 17 mei 1946 is het eindelijk zover: verkiezingen voor een nieuwe Tweede Kamer. Op de foto zien we enkele bejaarde dames hun stem uitbrengen. Ze zullen vermoedelijk gestemd hebben op de partij waarop ze voor de oorlog ook al jaren gestemd hadden. Dat doen de meeste Nederlanders namelijk. Ondanks alle streven naar de 'vernieuwing' en 'doorbraak' geven de uitslagen opmerkelijk weinig verrassingen te zien. De krachtsverhoudingen uit de jaren '30 keren gewoon in het parlement terug. De enige uitzondering daarop vormen de communisten, die met 10% van de stemmen de vierde partij van het land worden: zeven zetels winst. Dat hangt ongetwijfeld samen met de rol die de communisten in het verzet tegen Hitler hebben gespeeld.

OVERHEID EN GEZAG ☐ NATIONAAL ARCHIEF, ANEFO, FOTO THEO VAN HAREN NOMAN

Op 18 februari 1947 wordt de vierde dochter van prinses Juliana en prins Bern-hard, Marijke, geboren (later geeft ze zelf de voorkeur aan haar naam Chris-tina). Bij paleis Soestdijk krijgen burgers de gelegenheid een felicitatieregister te tekenen. Het prinsesje wordt geboren met een oogziekte, omdat haar moeder tijdens de zwangerschap rode hond heeft opgelopen. Juliana zal hemel en aarde bewegen om te proberen de handicap van haar jongste dochter te genezen. Het brengt haar onder andere in contact met gebedsgenezeres Greet Hofmans, die veel invloed op koningin Juliana krijgt gedurende de eerste jaren van haar koning-schap.

De gebeurtenissen in Indonesië maken het noodzakelijk te bezien of de grondwet moet worden gewijzigd ten aanzien van de verhouding tussen Nederland en zijn overzeese gebiedsdelen. In oktober 1947 gaat een grondwets-commissie aan het werk. In de grondwet wordt in 1948 de mogelijkheid opgenomen dat de soevereiniteit aan Indonesië kan worden overgedragen. Van die mogelijkheid zal het volgende jaar gebruik worden gemaakt. Tegelijk wordt het ambt van staatssecretaris gecreëerd en worden bepalingen opgenomen over buitengewone bevoegdheden voor het burgerlijk gezag in geval van dreigende onrust.

In de jaren 1947 en 1948 legt koningin Wilhelmina twee maal gedurende enige maanden het koninklijk gezag neer om gezondheidsredenen. Haar definitieve aftreden wordt uitgesteld tot 1948, waardoor zij een vijftigjarige regeerperiode vol kan maken. In die maanden neemt Juliana haar functie tijdelijk waar, voor het eerst van oktober tot december 1947. Uit die tijd dateert deze foto van een bezoek van het prinselijk paar aan Stad aan 't Haringvliet op Goeree-Overflakkee. Het diamanten echtpaar Van der Mast-Swartz biedt het paar bij die gelegenheid enkele traditionele Flakkeese poppen aan.

Aankomst van een drietal ministers op Schiphol na een reis naar Indonesië op 7 januari 1948. Geheel links W. Drees (Sociale Zaken), naast hem J.A. Jonkman (Overzeese Gebiedsdelen) en in het midden, met lichte jas, minister-president L.J.M. Beel die aandachtig luistert naar een vraag van een van de journalisten. De vraag zal ongetwijfeld begonnen zijn met 'Excellentie…' en met het nodige respect zijn uitgesproken. De houding van de 'excellenties' maakt duidelijk dat zij het als een gunst beschouwen dat zij het journaille te woord willen staan.

☐ IISG, FOTO BEN VAN MEERENDONK

Op 7 juli 1948 worden – na ruim twee jaar – opnieuw verkiezingen voor de Tweede Kamer gehouden, niet omdat er een kabinetscrisis is uitgebroken, maar omdat een grondwetsherziening noodzakelijk is in verband met de kwestie-Indonesië. Om een grondwetsherziening in tweede lezing te laten doorgaan moet een nieuw parlement worden gekozen. Ondanks het kennelijke enthousiasme waarmee deze katholieke agrariër propaganda maakt voor zijn partij, is de verschuiving in de uitslag vergeleken met 1946 miniem: de Katholieke Volkspartij gaat van 30,8% naar 31,0% van de stemmen. Dat is ook te verwachten: in het verzuilde land stemmen katholieken KVP.

O p 5 juni 1947 houdt de Amerikaanse minister van Buitenlandse Zaken George C. Marshall een toespraak aan de Harvard Universiteit, waarin hij het *European Recovery Program* lanceert: een plan voor het herstel van het door oorlog verwoeste Europa. De Verenigde Staten komen hier vooral mee uit angst dat de communisten anders in het verarmde Europa te zeer de wind in de zeilen krijgen. Nederland profiteert behoorlijk van het plan. Het ontvangt in de jaren 1948-1951 in totaal ruim 1,1 miljoen dollar aan hulp, bijna net zoveel als Italië (1,2 miljoen) en West-Duitsland (1,4 miljoen). Alleen Groot-Brittannië en Frankrijk krijgen aanmerkelijk meer, alle overige Europese landen veel minder. Per hoofd van de bevolking ontvangt Nederland het hoogste bedrag: 109 dollar. Hier wordt de overeenkomst met Nederland in Den Haag ondertekend.

☐ NATIONAAL ARCHIEF, ANEFO, FOTO J.D. NOSKE

'Het roer moet om', aldus deze propagandisten van de Anti-Revolutionaire Partij tijdens de verkiezingscampagne van zomer 1948. De ARP maakt geen deel uit van de rooms-rode regering Beel (KVP en Partij van de Arbeid). Zij meent dat veel te zachtaardig wordt opgetreden tegen de opstandige Indonesiërs. Het gezag in 'ons Indië' moet met kracht worden gehandhaafd. Ook op andere punten vindt men het beleid van de half-socialistische regering veel te links. De ARP boekt echter slechts een minieme winst (0,4%) en treedt opnieuw niet toe tot de nieuwe regering, het rooms-rode eerste kabinet-Drees.

Ir. SOEKARNO
DE REPUBLIEK INDONESIE
hebt U er ook genoeg van?
Stemt dan LIJST **6 Mr. OUD**
Socialisme beschermt het Communisme in Indië
het Roer moet om!
VOLKSPARTIJ VOOR VRIJHEID EN DEMOCRATIE

Bij de verkiezingen van 1948 doet voor het eerst de Volkspartij voor Vrijheid en Democratie mee die in dat jaar is opgericht als opvolger van vroegere liberale partijen. Terwijl de strijd in Indonesië in volle gang is, doet de Koude Oorlog zijn invloed reeds gelden. Ten aanzien van deze punten maakt de VVD haar positie duidelijk. Hoewel zij zich keert tegen het 'socialisme' (het zittende kabinet steunt op de PvdA en de katholieken) neemt de VVD toch deel aan de volgende regering-Drees. De VVD boekt in 1948 dan ook slechts een bescheiden verkiezingsresultaat: acht zetels van de honderd, even veel als de Communistische Partij Nederland, maar veel minder dan de PvdA (27 zetels), de katholieken (32 zetels) en de protestanten (22 zetels). Er is dus niet veel ruimte om het roer om te gooien.

☐ IISG, FOTO BEN VAN MEERENDONK

Propagandisten van de Communistische Partij Nederland op het Waterloo-plein in Amsterdam, juli 1948. Behalve voor hun partij maken zij ook reclame voor de partijkrant, dagblad *De Waarheid*. De CPN blijkt bij de verkiezingen niet in staat haar in 1946 zo sterke positie te handhaven: de partij verliest twee zetels. Met acht Tweede Kamerleden is de CPN nog steeds een partij om rekening mee te houden, maar zij is niet langer de vierde partij van het land, maar de zesde. In aantal zetels is zij even groot als de Volkspartij voor Vrijheid en Democratie in 1948.

In het scheppen van 'Europese' internationale samenwerking loopt Nederland na de oorlog voor de muziek uit. Met België en Luxemburg wordt al in 1944 – nog tijdens de bezetting – een douane-unie gevormd, die in 1958 wordt omgezet in een economische unie. Het is het eerste voorbeeld van succesvolle internationale economische integratie in Europa na de Tweede Wereldoorlog. De drie landen hebben een voorbeeldfunctie in de Europese integratie, die met het sluiten van het verdrag van Rome tussen zes landen in 1957 van start gaat. Op de foto de Belgische minister van Buitenlandse Zaken Paul-Henri Spaak die in de Bijenkorf van Amsterdam een toespraak houdt op een Benelux-tentoonstelling. Spaak zal één van de grondleggers van de Europese Unie worden.

Eerste zitting van het kabinet Drees I, ook wel Drees-Van Schaik genoemd, op 11 augustus 1948. De sociaal-democraat Willem Drees zal in de jaren vijftig een aantal kabinetten leiden die hard werken aan de wederopbouw van Nederland. Zuinigheid en vlijt zijn de sleutelwoorden van deze kabinetten. Het eerste kabinet-Drees is het laatste dat door koningin Wilhelmina wordt beëdigd: zij zal in september 1948 afstand doen van de regering. Het kabinet op 'brede basis' zal ook afscheid nemen van de kolonie Indonesië. Op uiteenlopende manieren dus het begin van een nieuw tijdperk.

De jaren veertig volgend op de Duitse bezetting zijn nog steeds een tijd van schaarste. Een groot aantal artikelen blijft lang op de bon. Minister Sicco Mansholt van Landbouw houdt de teugels kort en staat slechts één maal per week een 'vleesbon' toe. Geen wonder, aldus het communistische dagblad *De Waarheid*, dat juist de huisvrouwen hiertegen massaal in verzet komen. Immers, nu kunnen ze maar één dag in de week jus maken en dat is niet genoeg voor een hele week aardappelen eten. Dus valt men weer terug op de gehate surrogaat-jus uit de oorlog, wat onder deze omstandigheden onvermijdelijk is.

☐ IISG, FOTO BEN VAN MEERENDONK

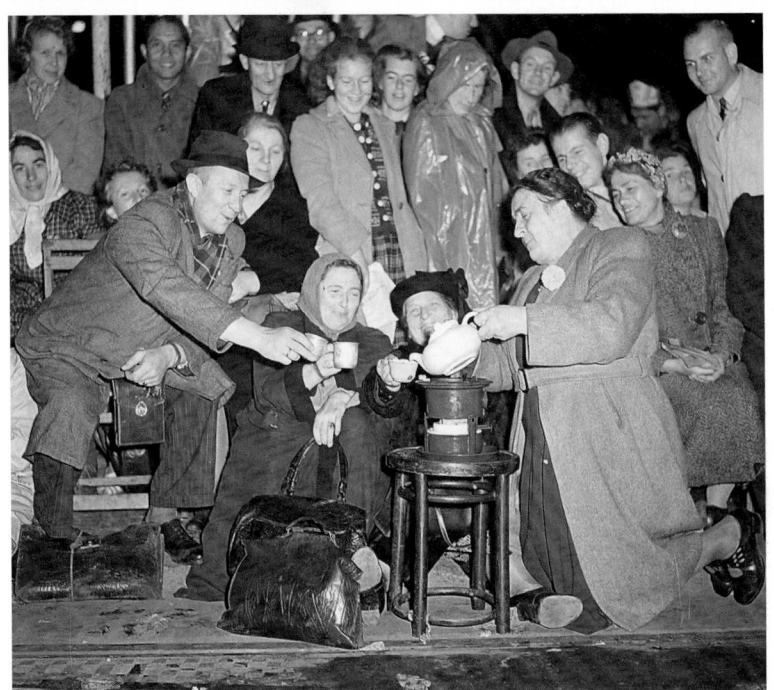

De inhuldiging van Juliana is voor de naoorlogse, door het dappere optreden van Wilhelmina zeer koningsgezind geworden Nederlanders een groot feest, waarvan menigeen niets wil missen. Vroeg opstaan en een mooi plaatsje in bezit nemen is dan de enige optie. Met twaalf uur wachten voor de boeg nestelen zich hier in de nacht van zondag 5 op maandagochtend 6 september de eerste kijkers op de Dam in Amsterdam om verzekerd te zijn van een goede plaats tijdens de rijtoer in de Gouden Koets die in de middag van 6 september zal plaatsvinden.

Tijdens haar plechtige inhuldiging in de Nieuwe Kerk in Amsterdam op 6 september 1948 legt koningin Juliana de eed op de grondwet af. Tegen het koningschap heeft zij als een berg opgezien. Dat blijkt ook uit de woorden van haar toespraak: *'Sedert eergisteren ben ik geroepen tot een taak, die zo zwaar is, dat niemand die zich daarin ook maar een ogenblik heeft ingedacht, haar zou begeren, maar ook zo mooi dat ik alleen maar zeggen kan: "Wie ben ik, dat ik dit doen mag".'* Juliana zal haar taak anders opvatten dan haar moeder Wilhelmina deed. Het

informele en persoonlijke speelt voor haar een belangrijke rol. Tijdens haar inhuldiging zegt ze al: *'Ik wil hier met nadruk vaststellen, dat voor een Koningin haar taak als moeder even belangrijk is als voor iedere andere Nederlandse vrouw.'*

I n de jaren na de bezetting zien velen de toekomst van Nederland somber in. Er is de eerste jaren schaarste en armoede, en uit het oosten dreigt het communisme. Na de staatsgreep van de communisten in Praag in 1948 verwacht iets meer dan de helft van de Nederlandse bevolking dat een dergelijke ramp binnen tien jaar ook hier te verwachten is. Blijkens opinieonderzoeken wil in de jaren 1945-1949 gemiddeld een kwart van de Nederlandse bevolking emigreren. Er zijn er overigens niet zoveel die de daad bij het woord voegen: in totaal zo'n 56.000 migranten. Pas in de jaren vijftig komt de grote stroom op gang en loopt het aantal vertrekkenden in de honderdduizenden. Op de foto het vertrek van de 'Tabinta' met emigranten naar Zuid-Afrika op 2 oktober 1948.

1949

Langzamerhand komt het gewone leven weer op gang, en daarmee ook de 'gewone' rol van vorstelijke persoonlijkheden: poseren voor fotografen, bijvoorbeeld tijdens de wintersport. Hier staan de prinsessen Beatrix en Irene tijdens hun skivakantie in de wintersportplaats Sankt Anton. De cameramensen van Polygoon halen alles uit de kast. De resultaten zullen waarschijnlijk spoedig te zien zijn in het bioscoop-weekjournaal en de Cineac.

☐ IISG, FOTO BEN VAN MEERENDONK

Bijeenkomst van de vereniging Nederland-USSR in het Amsterdamse hotel Krasnapolsky op 23 april 1949. In de tijd van de Koude Oorlog zijn de tegenstellingen duidelijk: je bent vóór of tegen het communisme, dus ook vóór of tegen de Sovjet-Unie, dus ook vóór of tegen kameraad Stalin, de leider van het arbeidersparadijs. Het is dus niet vreemd om de afbeelding van de dictator zo prominent te zien op een Amsterdamse bijeenkomst. De Nederlandse CPN loopt ook geheel aan de leiband van Moskou en verdedigt onverkort het beleid van de rode tsaar. Stalin is de garantie voor een blijvende vrede in Europa.

1949

Om het communisme een halt toe te roepen wordt in 1949 de Noord-Atlantische Verdrags Organisatie opgericht, een militair bondgenootschap tussen de Verenigde Staten, Canada en een groot aantal West-Europese landen. Ook Nederland sluit zich aan, wat een belangrijke wending betekent in de buitenlandse politiek. Tot aan de Tweede Wereldoorlog heeft Nederland altijd een neutrale positie ingenomen in de hoop zo onaantastbaar te blijven (zoals Zwitserland tegenwoordig nog). Die politiek loopt in 1940 op een mislukking uit. Om een herhaling voor te zijn sluit men zich nu aan bij een sterk bondgenootschap. Op de foto de Nederlandse generaal H.J. Kruls op een NAVO-bijeenkomst in Parijs in november 1949.

PAYS-BAS

□ NATIONAAL ARCHIEF, ELSEVIER, UNITED PRESS PHOTO

Carel Brendel

Het leven van alledag

Alle belangrijke gebeurtenissen hebben het beeld van de jaren '40 zo beïnvloed, dat wel eens vergeten wordt dat het gewone leven ook doorgaat. De eerste zorg is een dak boven je hoofd, eten en drinken, de kinderen naar school en een geregeld inkomen. Daaraan ontbreekt het echter nogal eens. Vernielde huizen, honger, de noodzaak om onder te duiken kenmerken de oorlogsjaren, het herstel van alles wat kapot is gebeurt in de tweede helft van de jaren '40.

N a de Duitse overrompeling van Denemarken en Noorwegen (april 1940) neemt in Nederland de hoop af dat ons land neutraal kan blijven in de oorlog. Het publiek krijgt – zoals hier in Den Haag – meer en meer belangstelling voor de openbare schuilkelders, die in alle Nederlandse steden zijn ingericht om aan voorbijgangers toevlucht te bieden bij eventuele bombardementen en oorlogshandelingen. Zandzakken en schuilkelders maken vanaf 1939 een vast onderdeel uit van het straatbeeld. Grote pleinen en plantsoenen gelden als de meest geschikte plek voor een openbare schuilkelder. Daarnaast beginnen meervermogende particulieren driftig met het bouwen van privé-schuilplaatsen in de eigen tuin.

De schok is groot na het plotselinge vertrek naar Engeland van koningin Wilhelmina en haar regering. Voor veel mensen komt de capitulatie voor de Duitse militaire overmacht onverwacht snel. In IJmuiden proberen duizenden mensen per boot aan de nazi's te ontkomen. Enkele honderden mensen – veelal joden zoals de Amsterdamse wethouder Emanuel Boekman of verklaarde antifascisten zoals schrijver Menno ter Braak – plegen zelfmoord. Uit vrees voor huiszoekingen halen als tegenstanders van de nazi's bekend staande Amsterdammers hun boekenkast leeg. Tegen Hitler en zijn regime gerichte lectuur gaat op straat in vlammen op. Brandweer en politie komen in actie om de boekenbranden te blussen.

Twee dagen na hun overwinningen maken de Duitse veroveraars op persoonlijk bevel van de *Führer* een demonstratieve tocht door de Randstad. In Amsterdam is veel volk op de been om de parade van pantserwagens, vrachtwagens, motoren en ander militair materieel te zien. De meeste toeschouwers kijken zwijgend toe, NSB'ers en Duitsers brengen demonstratief de Hitlergroet. De Duitse soldaten laten zich in de beginfase van de Bezetting van hun vriendelijkste kant zien. Ze maken tijdens de tussenstops praatjes met de bevolking. In Den Bosch helpen ze de kleintjes met het voeren van de duiven. 'Bevolking over het algemeen onverschillig, in verscheidene plaatsen vriendelijk' meldt het eerste militaire rapport dat richting Berlijn gaat.

Rotterdam is als gevolg van het Duitse bombardement en de gevechten rond de Maasbruggen de zwaarst getroffen stad tijdens de Meidagen van 1940. Er zijn 800 doden gevallen, 24.000 woningen zijn verwoest, 80.000 mensen zijn dakloos. Uit alle delen van het land wordt hulp geboden aan de ontredderde bevolking. Op 18 mei, vier dagen na het bombardement, wordt er een vluchtelingencomité opgericht. Daarnaast komt er een 'centraal bureau voor dekking en kleeding'. De autoriteiten reiken hulpgoederen zoals matrassen uit aan getroffen Rotterdammers. Het opruimwerk gaat de eerste weken gestaag door. Maar al op 18 mei geeft het gemeentebestuur onder leiding van burgemeester mr. P.J. Oud opdracht aan topambtenaar ir. W.G. Witteveen om een plan voor de nieuwe stad Rotterdam te ontwerpen.

Tussen de puinhopen van het door de Slag om de Grebbeberg zwaar beschadigde stadje Rhenen komt het gewone leven snel weer op gang. De naar het westen van het land geëvacueerde bevolking is binnen enkele weken terug. Nog tijdens de Bezetting lukt het om de vernielde stad weer op te bouwen. Tegen de achtergrond van de zwaar beschadigde Cunerakerk verlaat een bruidspaar het stadhuis. De toren van de 450 jaar oude kerk staat nog overeind, maar ook deze heeft behoorlijke schade opgelopen. In 1945 komt Rhenen opnieuw in de buurt van de frontlijn te liggen en loopt de Cunerakerk weer zware averij op. Het Ouwehands Dierenpark op de Grebbeberg zal pas in 1953 weer opengaan.

☐ SPAARNESTAD PHOTO, FOTO ANP

Na de opruimings-
werkzaamheden
staan twee markante
gebouwen nog over-
eind in het verwoeste
stadshart van Rotter-
dam. 'Het Witte Huis'
bij de Maasbruggen,
destijds het hoogste
kantoor van de Maas-
stad, overleeft de
gevechten tussen
mariniers en opruk-
kende Duitse troepen.
Nog meer dan het Wit-
te Huis wordt de Laurenskerk, ook bekend als de Grote Kerk, het symbool van het
gebombardeerde Rotterdam. De kerk is wel zwaar beschadigd op 14 mei. Door
brand is een groot deel van het interieur verwoest. Bij een bouwkundig onderzoek
blijkt de fundering van deze protestantse kerk nog in orde. De Duitse autoriteiten
verbieden daarop een plan om de kerk te slopen. In 1952 legt koningin Juliana de
eerste steen voor de restauratie. In 1968 is het herstel voltooid.

Om bij te komen van het oorlogsgeweld mogen in de zomer van 1940 6000 Nederlandse kinderen enkele maanden op vakantie bij gastgezinnen in de 'Ostmark', zoals Oostenrijk heet na de *Anschluss* van 1936. De treinen vertrekken vanaf het Maasstation in het verwoeste Rotterdam. Door het inademen van gezonde berglucht en het eten van gezond voedsel moeten de uit arme gezinnen afkomstige kinderen aansterken. De vakanties gelden als een vorm van dankbaarheid voor de opvang van Oostenrijkse kinderen in Nederland na de Eerste Wereldoorlog. De Duitse propagandastunt krijgt ruime aandacht in de kranten en bioscoopjournaals. Op de foto neemt Rijkscommissaris Seyss-Inquart persoonlijk afscheid.

☐ BEELDBANK WO2 / NIOD

De Duitse bezettingstroepen worden ondergebracht in kazernes en school-gebouwen. Voor de officieren is een luxe vorm van huisvesting weggelegd. Zij worden ingekwartierd bij Nederlandse burgers. Het is de taak van de burgemeester om geschikte adressen te vinden. Vrijwilligers zijn er niet altijd, want aan deze inkwartiering hangt de geur van collaboratie. In de praktijk wordt vaak dwang toegepast om burgers zo ver te krijgen een Duitse militair in huis te halen. De bevolking is vindingrijk. Een besmettelijke ziekte in huis is een voorwendsel om inkwartiering te voorkomen. Dat alles hoeft overigens een vriendelijke omgang tussen de vaak hoffelijke officieren en hun al dan niet vrijwillige gastheren in de weg te staan.

Eind 1940 beginnen de voorbereidingen voor de invoering van het persoonsbewijs, een verplicht document voor alle Nederlanders van veertien jaar en
ouder. Voor Nederland is de door de Duitsers ingevoerde identificatieplicht een
nieuw fenomeen. Nog in maart 1940 heeft de Nederlandse regering een voorstel
van topambtenaar Jacobus Lentz voor invoering van een identiteitsbewijs verwor-
pen. Argument: identificatieplicht zou veronderstellen dat elke Nederlander een
potentiële misdadiger kan zijn. Lentz krijgt echter van de Duitsers groen licht om
zijn – zeer moeilijk na te maken – ontwerp in te voeren. Nederlanders gaan in de
maanden daarna massaal op de foto voor het persoonsbewijs, dat vanaf maart
1941 zal worden uitgereikt.

De luchtoorlog tussen Duitsland en Engeland speelt zich voor een deel boven Nederlands grondgebied af. De sirenes van het luchtalarm worden de gewoonste zaak van de wereld. In Amsterdam bijvoorbeeld komt de Luchtbeschermingsdienst regelmatig in actie voor het opruimen van brandbommen, onontplofte granaten, neergestorte onderdelen van vliegtuigen. Soms raken voorbijgangers gewond door verdwaalde bommen. De industrie in Amsterdam-Noord, die is ingeschakeld in de Duitse oorlogsproductie, en het militaire vliegveld Schiphol zijn geliefde doelwitten voor de geallieerden. Altijd is er de dreiging dat woonwijken worden geraakt in plaats van militaire doelen. In september 1940 is het raak in de Stolwijkstraat in de Hoofddorppleinbuurt. Bewoners van een door een bominslag vernielde woning verzamelen de restanten van hun huisraad.

1940

Den Haag | **najaar**

De Duitse 'gasten' kunnen maar moeilijk wennen aan de vele lokale en inter-lokale tramwegen in de berm van de weg. Deze trammetjes staan in Neder-land bekend als 'moordenaars', omdat ze vaak in botsing komen met andere, vaak kwetsbare weggebruikers. Ook de Duitsers laten zich, zoals hier een legerauto in Den Haag, regelmatig verrassen door een tramstel. De bezetters ergeren zich ove-rigens rot aan het ongedisciplineerde verkeersgedrag van de Nederlanders. Fiet-sers en voetgangers negeren alle voorschriften en gaan gewoon hun eigen gang. In september 1941 kondigen de Duitsers nieuwe verkeersregels af. Eén opmerkelij-ke verandering op de verkeersborden: het te Engels klinkende STOP wordt inge-ruild voor het onverdacht Germaanse HALT.

Nederlandse en Duitse politie-mensen gaan tijdens de Bezetting nauw samen-werken, ook als het gaat om ogenschijnlijk kleine zaken. Hier controleren ze samen het rijgedrag van fietsers, in die dagen de belangrijkste groep verkeersdeelne-mers. Overtreders moeten voor straf hun ventiel inleveren en met de fiets aan de hand verder gaan. Het in beslag genomen ventiel kan dan de volgende dag weer worden opgehaald op het politiebureau. Op een bevolking van 8,8 miljoen men-sen zijn er 3,6 miljoen fietsen. De Duitsers proberen in mei 1941 de harten en gees-ten van het Nederlandse volk te winnen door de gehate fietsbelasting (met het bijbehorende fietsplaatje, voor werklozen met een gat erin) af te schaffen.

Voor het gewone politiewerk stuurt de Duitse bezetter speciale politietroe-
pen naar Nederland: de *Ordnungspolizei*, ook wel *Grüne Polizei* genoemd in
verband met hun groene uniformen. De Duitse eenheden worden ondergebracht
in aparte gebouwen. In Amsterdam bewonen ze een deel van het Koloniaal Instituut, de voorganger van het Koninklijk Instituut voor de Tropen, waar ze terugkeren na een parade door de hoofdstad (foto). De Nederlander probeert als het even
kan niet met de *Grüne Polizei* in aanraking te komen. De Duitse politiemacht helpt
de Nederlandse agenten bij het dagelijkse surveillancewerk op straat, maar is ook
als 'controleur' aanwezig als de Nederlandse politie wordt ingeschakeld bij het
aanhouden van joden. Bij de Februaristaking en ander oproer slaan ze hard toe.

☐ BEELDBANK WO2 / NIOD

Op een kantoor van het Centrale Distributiekantoor (CDK) worden distributiebonnen verstrekt. De distributie doet in Nederland al voor de Duitse inval haar intrede. Vanaf oktober 1939 is suiker alleen op de bon verkrijgbaar, in januari 1940 gevolgd door erwten. In de eerste maanden van de Bezetting worden steeds meer dagelijkse producten schaars. Burgers krijgen een distributiestamkaart, waarop wordt aangetekend welke bonnen zijn verstrekt. Er komen aparte kaarten voor textiel en tabak. Vlees, brood, boter, bloem en zeep komen in de distributie. Naarmate de oorlog vordert, verslechteren het aanbod en de kwaliteit, waardoor producten als 'regeringsbrood' en 'kleizeep' hun intrede doen. In 1941, in de begintijd van het distributiesysteem, functioneert het systeem nog redelijk. In de Hongerwinter stort het systeem in elkaar.

De Duitse bezetting brengt snel een groot tekort aan brandstof met zich mee. Al in juni 1940 wordt het particuliere autovervoer aan banden gelegd, omdat de Duitsers een groot deel van de benzinevoorraden opeisen. Petroleum, dé brandstof voor het kooktoestel in veel arme gezinnen, wordt zwaar gerantsoeneerd. Limburgse kolen zijn er nog wel, maar weldra worden ze duur en schaars. Dat alles leidt tot een ongekende inventiviteit. Papierbollen doen hun intrede als alternatieve brandstof voor de kachel. De Nederlandse huisvrouw krijgt er een taak bij: krantenpapier mengen met water en er stevige papierbollen van kneden. Deze bollen moet je daarna goed laten drogen totdat ze klaar zijn voor de haard.

De jeugd heeft nooit gedeugd, ook niet tijdens de oorlogsjaren. Het onderwijs raakt ontregeld door het vorderen van schoolgebouwen. Tegen het einde van de oorlog werken veel vaders in Duitsland of zijn ondergedoken. Ook in het Amsterdam van 1941 zijn er 'hangjongeren', die ergernis opwekken bij de autoriteiten. Eind 1942 vaardigt de bezetter een besluit uit ter bescherming van de jeugd. De verordening bevat maatregelen die we nu 'betuttelend' zouden noemen. Jongeren mogen 's avonds niet meer over straat, behalve als ze op weg zijn naar nationaal-socialistische activiteiten. Personen onder de 18 jaar mogen niet meer naar het café, geen sterke drank gebruiken, niet in het openbaar roken, geen variétévoorstellingen bezoeken en niet zonder toezicht in speeltuinen rondhangen.

Op 22 oktober 1940 wordt per verordening de Winterhulp Nederland opgericht door Rijkscommissaris Seyss-Inquart. Met deze organisatie wil hij de hulp aan armlastige Nederlanders onttrekken aan de kerken en particuliere organisaties en onder nationaal-socialistische invloed brengen. Om het geheel een neutraal tintje te geven strikt hij een aantal gezaghebbende Nederlanders voor het erecomité. De collectes van de Winterhulp zijn niet populair en brengen relatief weinig op. Het volk fluistert dat de opbrengst naar Duitsland gaat. Toch zijn er genoeg arme gezinnen die graag gebruik maken van de waardebonnen en andere attenties van de Winterhulp. Zo gaat een groep van 25 moeders uit Haarlem voor tien dagen op vakantie naar de Veluwe om eens goed uit te rusten, dankzij de hulporganisatie.

1941

Dit huiselijke tafereeltje is vastgelegd tussen 1941 en 1944, maar kan net zo goed stammen uit de jaren '30 of '50. De oorlog en de bezetting hebben eerst weinig gevolgen voor het dagelijkse leven van de gewone mensen, los van de distributie en de brandstofschaarste. De joden worden geïsoleerd en gedeporteerd, een klein deel van het volk sluit zich aan bij de gehate NSB, een ander klein deel stort zich in het verzet. Daartussen bevindt zich een 'grijze' massa, die hoopt op een spoedig einde van de Duitse bezetting, ook een afkeer heeft van de landverraders, maar ondertussen lijdzaam en gezagsgetrouw probeert de nare tijd zonder kleerscheuren door te komen. Pas in 1944 breken ten noorden van de grote rivieren grimmiger tijden aan voor de doorsnee-Nederlander.

Een van de vele 'foute' organisaties is het Nederlands Agrarisch Front, onder leiding van de NSB'er Evert Jan Roskam, die als de 'boerenleider' door het leven gaat. Roskams boerenbeweging telt in 1941 slechts 7000 leden, de overgrote meerderheid van de boeren wil niets van hem weten. Dat weerhoudt hem niet om zich ijverig voor de Duitsers in te zetten. Kort na de Duitse aanval op de Sovjet-Unie organiseert hij in Rolde een anti-bolsjewistische landdag, die veel aandacht krijgt van de radio en de kranten. Veel boeren komen niet op deze bijeenkomst af, wel meisjes in klederdracht, die aandachtig luisteren naar de toespraak van Roskam.

1942

In de zomer van 1942 is de Duitse militaire bevelhebber beducht voor een geallieerde invasie. Om de mobiliteit van de *Wehrmacht* te verhogen zijn dringend 100.000 herenfietsen nodig. Seyss-Inquart besluit dat de Nederlandse politie de rijwielen moet invorderen. Deze aanslag op – in die tijd het belangrijkste – bezit leidt tot grote verontwaardiging. Burgers halen hun fietsen uit de stalling en verstoppen ze op zolder. De invordering wordt een grote mislukking. De gemeentepolitie heeft de ondankbare taak de fietsen in beslag te nemen. De rijwielvordering leidt overigens tot fellere reacties dan in dezelfde periode aangekondigde deportatie van de joden. 'Geef mijn fiets terug!' is een uitdrukking die de oorlog tientallen jaren heeft overleefd.

De krantenstalletjes worden leger en leger in de loop van de oorlog. Alle dagbladen zijn gelijkgeschakeld. Ze staan onder toezicht van de bezetters en zijn onderworpen aan de censuur. Kranten en tijdschriften die zich hieraan willen onttrekken krijgen een verschijningsverbod. Vrij baan is er daarentegen voor de talloze nationaalsocialistische bladen. Het bekendste blad is *Volk en Vaderland*, het weekblad van de NSB. In 1943 bereikt dit tijdschrift een recordoplage van 200.000 exemplaren. Het weekblad *Storm SS* is het opinieblad van de Nederlandse SS. De oplage stijgt in 1944 naar 35.000. De vrienden van Rost van Tonningen voeren tussen de regels door oppositie tegen de 'burgerlijke' Mussert en maken propaganda voor de Grootduitse gedachte.

Een fotograaf van het Franse dagblad *Le Soir* reist in mei 1942 naar Amsterdam voor een fotoreportage over het bezette Nederland. De fiets is op dat moment vrijwel het enige vervoermiddel in de hoofdstad. Auto's zijn als gevolg van het benzinetekort uit het straatbeeld verdwenen. Een stroom fietsers verlaat het Leidscheplein. Op de voorgrond draagt een fietser de zespuntige gele joden-ster, die sinds 3 mei verplicht is voor alle joden. Kort na deze opname moeten de joden hun fiets inleveren op last van de bezetters, een van de vele Duitse maatre-gelen om de mobiliteit van deze bevolkingsgroep te beperken en hen verder in het isolement te drijven.

Automobilisten worden inventief als gevolg van het schreeuwende benzine-tekort. Achter in de auto of op aanhangwagentjes worden gasgeneratoren geplaatst, die kolen of een mengsel van turf en hout omzetten in gas. De generatoren kosten 1500 gulden per stuk, evenveel als een eenvoudige auto kostte voor het uitbreken van de oorlog. Ze leveren slechts 40 procent van het normale vermogen. Het starten van de auto gaat bovendien heel moeizaam. Als alternatief voor de korte afstand fungeren grote doodskist- of ballonvormige installaties, die je kunt voltanken bij de gasfabriek. Deze bouwsels krijgen de bijnaam Zeppelins. De actieradius van één vulling is nog geen tien kilometer.

De Britse leider Winston Churchill gebruikt regelmatig het V-teken om zijn geloof in de geallieerde overwinning ('victory') uit te dragen. De V gaat een grote rol spelen in de oorlogspropaganda. De Nederlandse tak van de BBC roept de bevolking in het voorjaar van 1941 op om overal V-tekens te schilderen om haar anti-Duitse gezindheid te tonen. Mensen neuriën als 'verzetsdaad' de eerste noten van de Vijfde Symphonie van Beethoven, die (net als het morseteken V) begint met drie kort en één lange noot. Als slim bedachte tegenzet besluit de Duitse propagandaminister Joseph Goebbels de V te gebruiken in de Duitse propaganda. Vanaf 18 juli 1941 hangen overal affiches met variaties op de tekst 'V= Victorie. Duitsland wint voor Europa op alle fronten'. De plakkaten worden regelmatig beklad.

De Nederlandsche Arbeidsdienst, gemodelleerd naar de Duitse *Reichsarbeits-dienst*, is een mislukte poging om jongeren de nazi-geest bij te brengen. Studenten, werklozen en aankomend overheidspersoneel moeten voor enkele maanden aan het werk in een kamp. Ze helpen bij ontginningsprojecten of het binnenhalen van de oogst. Het kader is pro-Duits, de opgeroepen jongeren moeten echter weinig van de bezetters hebben. Ze zien de Arbeidsdienst als een middel om zich aan het werken in Duitsland te onttrekken. Pogingen om vrijwilligers voor het Oostfront te werven hebben weinig succes. De discipline in de kampen van de Arbeidsdienst laat te wensen over. De parades van de met schoppen uitgeruste arbeidsbrigades maken op straat weinig indruk.

Maandag is de traditionele wasdag in het streng gereformeerde Twentse stadje Rijssen. De vrouwen nemen hun wasgoed mee in teilen, ijzeren of rieten manden en spoelen vanaf bootjes of houten vlonders hun was uit in de beek. Daarna wordt het wasgoed op een grasveld – de bleek – te drogen gelegd. Ook midden in de oorlog is het serieus en hard werken geblazen voor de vrouwen van Rijssen. Folklore en toerisme zijn onbekende begrippen in deze tijd. Tegenwoordig komen de vrouwen van Rijssen op zomerse maandagen in klederdracht naar het centrum van de stad tot meerdere eer en glorie van het plaatselijke toerisme.

NATIONAAL ARCHIEF, ELSEVIER, FOTO J.E. VAN BERG-DE HAAS ☐

O m een geallieerde invasie af te slaan bouwen de Duitsers de *Atlantikwall*, een militaire verdedigingslijn achter de Noordzeekust. Het vissersdorp Scheveningen moet plaats maken voor bunkers, versperringen en anti-tankgrachten. Voor de vissers en hun gezinnen heeft dit besluit dramatische gevolgen. Met wat bezittingen op de handkar wandelen ze naar het Haagse station Staatsspoor en reizen vandaar per trein naar het noorden en oosten van het land. De evacués worden ondergebracht bij gastgezinnen. Veel Scheveningers komen terecht in Aalten (foto) en Winterswijk. Ook in andere Haagse wijken wordt druk gesloopt door de bezetters, met als gevolg dat 14.000 mensen dakloos raken. Na de bevrijding duurt het nog enkele jaren tot hun totaal verwoeste wijken weer zijn opgebouwd.

☐ BEELDBANK WO2 / NIOD

De deportatie van de Amsterdamse joden is in het voorjaar van 1943 in volle gang. Na het vertrek van de bewoners naar het doorgangskamp Westerbork (voorportaal voor de vernietiging in Auschwitz of Sobibor) worden hun huizen geruimd door de verhuizers van de firma Puls. Een nieuw woord ontstaat: Pulsen, ofwel het leeghalen van joodse woningen. Soms is de weg te smal voor de verhuiswagens en wordt alle huisraad per dekschuit afgevoerd, zoals op deze nooit eerder gepubliceerde foto, genomen op de Lijnbaansgracht. Toeschouwers kijken nieuwsgierig naar de lading, maar meenemen is er niet bij. De joden mogen alleen worden beroofd door officiële Duitse instanties.

Het onderwijs heeft zwaar te lijden onder de oorlogsomstandigheden. Schoolgebouwen worden, bijvoorbeeld na het bombardement van Rotterdam, gebruikt voor het onderbrengen van evacués of worden gevorderd door Duitse legereenheden en instanties. De lessen worden in zo'n geval verplaatst naar minder geschikte noodgebouwen. In koude winters gaan scholen soms weken lang op slot door gebrek aan brandstof. Difterie is een regelmatige aanleiding om het onderwijs stil te leggen. Het spijbelen wordt een groot probleem aan het eind van de oorlog. Door militairen benutte scholen vallen binnen het beveiligingsgebied, maar toch is de openbare school van Delfgauw tegen de uitdrukkelijke wens van het Duitse opperbevel op de foto gezet.

Levensmiddelen voor de kampbevolking van *Durchgangslager* Westerbork worden ingekocht in de nabijgelegen dorpen Hooghalen, Westerbork en Beilen. De kampgevangenen – in een overall met jodenster – die hiermee belast zijn, staan onder toezicht van een Nederlandse politieman. Westerbork wordt in 1939 door de Nederlandse overheid ingericht als centraal vluchtelingenkamp voor uit Duitsland gevluchte joden. De bezetters maken er in 1942 een *Durchgangslager* van, een kamp waar ver van de bewoonde wereld de deportatie van 107.000 joden en enkele honderden Sinti naar Auschwitz en Sobibor wordt voorbereid.

O m te voorkomen dat de bevolking via geallieerde zenders, zoals de BBC en Radio Oranje, instructies voor hulp aan de geallieerden bij een mogelijke invasie krijgt, moeten vanaf mei 1943 alle radiotoestellen worden ingeleverd. Tachtig procent van de Nederlanders geeft gehoor aan deze opdracht. Wat over blijft is de radiodistributie, een soort kabelsysteem waarop alleen door de Duitsers geselecteerde kanalen te horen zijn. Wat de televisie is in deze tijd, is de radio tijdens de oorlog: het meubelstuk waar omheen de gezinsleden zich scharen in de avonduren. De vertrouwde omroepen zijn in maart 1941 vervangen door de Nederlandsche Omroep onder NSB-leiding. Het Duitsgezinde nieuws wordt niet vertrouwd, maar sommige programma's worden druk beluisterd, zoals het beruchte, zeer antisemitische zondagmiddagcabaret van Paulus de Ruiter.

De voedseldistributie is lastig, maar nog niet onoverkomelijk halverwege de bezettingstijd. Met zijn bonkaart kan de Nederlander eind 1943 per volwassene nog vier kilo aardappelen en ruim twee broden per week kopen. Nieuwe kleren of schoenen, maar ook zeep zijn op dat moment al moeilijk te krijgen. Het distributiesysteem leidt wel tot lange rijen bij de bakkers. Daarnaast neemt de kwaliteit van het brood langzaam maar zeker af. Aan het eind van de Bezetting is het brood veranderd in een bruine, harde substantie. Het wordt niet meer gemaakt van tarwemeel, maar van het meel van aardappelen of peulvruchten. Dit onsmakelijke baksel krijgt al in de Eerste Wereldoorlog bedachte bijnaam regeringsbrood.

De plannen voor de inpoldering van de Zuiderzee gaan gewoon door tijdens de Bezetting. In 1936 was de aanleg van de Noordoostpolder (NOP) begonnen. De ringdijk is klaar in 1940. Het duurt tot 1942 tot de polder compleet is drooggevallen. De ontginning van het nieuwe land is dan al vergevorderd. In 1941 wordt de eerste rogge geoogst. De eerste bewoners van het gebied betrekken eind 1943 hun splinternieuwe huizen in de 'hoofdstad' Emmeloord. Voor de ontginning van de Noordoostpolder zijn duizenden werkkrachten nodig, die vrijgesteld zijn van werk in Duitsland. De letters NOP komen te staan voor Nederlands Onderduikers Paradijs. De bezetters houden later grote razzia's in de nieuwe polder om werkkrachten voor Duitsland te vinden.

☐ SPAARNESTAD PHOTO, FOTO BUITEN

Door angstige uren in de schuilkelder komen mensen dichter bij elkaar – niet altijd tot genoegen van kerkelijke en wereldlijke gezagsdragers, die een verwildering van de zeden vrezen. Als gevolg van hongertochten, evacuaties, onderduik en dwangarbeid raken gezinnen ontwricht en raken burgers in de verleiding om nieuwe relaties aan te knopen. Niet altijd gaat het zo ontspannen toe als in deze schuilplaats. Boven Nederland woedt een hevige strijd tussen de Britse luchtmacht en het Duitse afweergeschut (*Flak*). Bombardementen op Duitse doelen maken veel onnodige slachtoffers in de directe omgeving. Een mislukte poging om V2-lanceerinstallaties in het Haagse Bos uit te schakelen maakt in maart 1945 bijvoorbeeld 550 dodelijke slachtoffers in de wijk Bezuidenhout.

Het treinverkeer is een permanent mikpunt voor geallieerde vliegers. Ze volgen de spoorlijnen en schieten met mitrailleurs op alles wat beweegt. Onder de reizigers vallen veel slachtoffers. Vooral kort na de invasie in Normandië wordt een treinreis levensgevaarlijk. Op 15 juni 1944, de dag dat deze persfoto genomen wordt, beginnen de Duitsers met het schieten van V1-raketten richting Engeland, reden voor de geallieerden om nog fanatieker het spoorverkeer in het Duitse achterland te verstoren. Het Nederlandse spoorwegpersoneel, dat zich afzijdig heeft gehouden van eerdere stakingen en zonder protest heeft meegewerkt aan de deportaties van joden, raakt murw gebeukt. In september van dat jaar gaan de NS-medewerkers in staking op bevel van de regering in Londen. In de praktijk slagen de Duitsers erin het militaire vervoer met eigen mensen aan de gang te houden.

De geallieerde opmars naar de bruggen bij Nijmegen en Arnhem loopt grote vertraging op door de fanatieke tegenstand van de Duitsers in Noord-Brabant. De weg van Eindhoven naar Nijmegen krijgt de bijnaam *Hell's Highway* vanwege de zware gevechten tussen de oprukkende Amerikanen en de Duitsers. Voor de inwoners van Schijndel begint de oorlog nu pas echt. Meer dan een maand lang komt het dorp midden in de frontlinie te liggen. Dagen lang brengen de bewoners in schuilkelders door. Als eindelijk de definitieve bevrijding daar is, staat er weinig meer overeind in het Brabantse dorp. En er staat geen bataljon psychologen klaar om de geschokte kinderen tussen de puinhopen op te vangen.

Na de slag om Arnhem raakt het Westen van Nederland afgesloten van de Limburgse kolen en de voedselrijke noordoostelijke provincies. Er is alleen nog maar militair treinverkeer. In de stedelijke gebieden begint de honger toe te slaan. Om de nood te verlichten worden kinderen per schip – het enige nog enigszins veilige vervoermiddel – naar Friesland en andere provincies overgebracht. Hier vertrekt een transport uit Den Haag. Met hulp van de kerken worden ongeveer 15.000 kinderen naar het platteland overgebracht. Voor de kinderen is het een enerverende reis. Velen worden zeeziek tijdens de overtocht van het IJsselmeer. De met honger bedreigde kinderen worden liefdevol opgevangen door gezinnen op het platteland van Friesland, Groningen, Drenthe, Overijssel en Gelderland.

☐ BEELDBANK WO2 / NIOD

De Centrale Crisis Controle Dienst (CCCD) stamt uit 1934 en is opgericht om de zwarthandel in de crisisjaren te bestrijden. De medewerkers binden de strijd aan met zaken als hamsteren, prijsopdrijving, smokkelen, sluikhandel en frauduleuze slachtingen. Tijdens de bezettingsjaren neemt dit alles een hoge vlucht als gevolg van de distributie en de groeiende tekorten aan voedsel, kleding, schoeisel en brandstof. De Controledienst is bijzonder impopulair omdat ze ook kleine zondaars aanpakt, die – om de distributiebepalingen te omzeilen – voedsel inslaan bij de boer. Aan het einde van een lange fietstocht naar het platteland loert altijd het gevaar dat aan de rand van de stad een overijverige ambtenaar de moeizaam verkregen aardappelen en groenten in beslag neemt.

In het najaar beginnen de Duitsers een grootschalige jacht op mannen, die ze willen inzetten als dwangarbeiders in de oorlogsindustrie of dichter bij huis voor het 'spitten', het graven van militaire stellingen. In Hilversum worden 1500 mannen opgeroepen als spitters. De helft blijft weg, de rest komt met medische verklaringen of ontheffingen op de proppen. De Duitsers pakken daarop bij een razzia duizenden mannen tussen de 17 en 50 jaar op. Uiteindelijk vertrekken 3500 Hilversummers via het Kamp Amersfoort per trein als dwangarbeider naar Duitsland. De grootste slag slaan de bezetters op 10 en 11 november in Rotterdam, waar ze maar liefst 50.000 mannen afvoeren. Daarna duiken steeds meer mannen onder en neemt het effect van de razzia's snel af.

☐ BEELDBANK WO2 / NIOD, FOTO H. COENRAAD

Het totale gebrek aan brandstof tijdens de laatste oorlogsjaren heeft grote gevolgen voor het straatbeeld in de grote steden. Geen boom of struik is meer veilig. Van grote bomen langs straten en plantsoenen blijft een afgezaagde stomp over. Uit leegstaande huizen worden houten vloeren en trapleuningen gesloopt. Houten bruggen verdwijnen van de ene op de andere dag. De houten blokjes die tramrails op hun plaats houden, worden losgebroken. De man met de grote zaag is een still uit de film *Honger* van de 'goede' Duitse militair Rudi Hornecker. Hij is met een Nederlandse getrouwd en krijgt opdracht filmopnames van de *Atlantikwall* te maken. Hornecker duikt onder en maakt unieke opnames van de menselijke ellende die de Hongerwinter in Den Haag veroorzaakt. Na de bevrijding verwerkt hij de beelden in *Honger*.

Het isolement van westelijk Nederland, gecombineerd met de Duitse plunderingen en onverschilligheid voor de toestand van de burgerbevolking, leidt tot een schrikbarende hongersnood in de steden. De rantsoenen worden met de week kleiner. Op het menu verschijnen tulpenbollen en suikerbieten. De suiker-

pulp is nogal smakeloos, hoewel winkels 'slagcrème' als lekkernij aanbieden, opgeklopt schuim van suikerbietenwater. Van de tulpenbollen valt nog iets te maken. Ze bevatten veel zetmeel. Met hulp van aroma en zout kun je er een soep van trekken. Recepten gaan van hand tot hand. Je kunt de bollen in plakjes snijden en met olie bakken of zonder olie poffen. Zeep en waspoeder zijn er ook niet, waardoor naast de honger ook de schurft en de hoofdluis toeslaan.

☐ BEELDBANK WO2 / NIOD, FOTO MARIUS MEYBOOM

Na moeizame onder-
handelingen met
Seyss-Inquart en de
Wehrmacht beginnen
vanaf 29 april 1945 de
voedseldroppings boven
bezet Nederland. Geal-
lieerde bommenwerpers
geladen met zakken en
blikken voedsel werpen
hun lading af rond de
grote steden, waar de
bevolking het meeste
van de honger te lijden
heeft. De droppings
zullen de geschiedenis
ingaan als de operatie 'Manna'. Voor de Nederlanders zijn ze het teken dat de
bevrijding nu heel dichtbij is gekomen. Vanaf de daken zwaaien burgers uitgela-
ten naar de overvliegende bommenwerpers. Vaak zwaaien de Amerikaanse en
Britse piloten terug. Het Duitse afweergeschut rond de afwerpplaatsen komt niet
in actie. Het duurt overigens enkele dagen voor het voedsel de hongerende bevolking daadwerkelijk bereikt, maar de ergste nood kan worden verholpen.

De Duitse bezetters brengen grote hoeveelheden geld in de circulatie. Om aan deze inflatie een einde te maken en het zwarte geld van de oorlogswinstmakers (OW'ers) af te romen voert de nieuwe minister van Financiën, Piet Lieftinck, na de bevrijding een snelle en grondige geldsanering door. In juli 1945 krijgen alle Nederlanders een tientje, waarvan ze een week lang moeten rondkomen. Dat is net lang genoeg om alle oude bankbiljetten om te wisselen voor nieuw geld. Van de ene dag op de andere is het door zwarthandel verkregen geld niets meer waard. Sommige 'Zwarte Pieten' besluiten om met de oude briefjes van 100 gulden hun sigaar aan te steken.

Met de Bevrijding komt een eind aan de hongersnood in de steden, maar nog niet aan de schaarste aan goederen. Nederland is verwoest, leeggeplunderd en verarmd. Allerlei producten blijven voorlopig op de bon en voor de winkels blijven er lange rijen staan. Veel kinderen zijn ernstig verzwakt als gevolg van de Hongerwinter. Net als tijdens de Hongerwinter gaan talloze kinderen weer naar gastgezinnen op het platteland om aan te sterken. Ook uit het buitenland komt hulp voor verzwakte kinderen. Meer dan 30.000 gastgezinnen uit Denemarken, Zweden, Engeland, Frankrijk en Zwitserland nemen Nederlandse kinderen voor enkele maanden op. Deze kinderuitzending gaat door tot 1946.

1945

De Hemsterhuisstraat geldt als het centrum van de zwarthandel in Den Haag. Zeven maanden na de Bevrijding begint de politie een grootscheeps offensief tegen de 'gifhandel' van de 'Zwarte Pieten', zoals ze in de volksmond heten. De straat in het Zeeheldenkwartier wordt bij deze actie hermetisch afgesloten. Huis aan huis doet de politie onderzoek naar de voorraden van de bewoners, die illegaal handelen in schaarse artikelen. De Hemsterhuisstraat heeft zijn reputatie van 'zwartste straat van Den Haag' verkregen tijdens de voorgaande Hongerwinter. De bewoners hebben goede contacten met de kwekers in het naburige Westland en verkopen hun extra voorraden aan de deur aan hongerige belangstellenden.

□ NATIONAAL ARCHIEF, ANEFO, FOTO MEIJER

Pater Henri de Greeve is de bekendste propagandist van de KRO. Hij is fel tegenstander van de nazi's. In januari 1941 krijgt hij een spreekverbod en wordt opgesloten in het gijzelaarskamp Beekvliet in Haaren. De Duitsers hebben de omroepverenigingen opgeheven, maar van een nationale omroep kan in het verzuilde naoorlogse Nederland geen sprake zijn. Pater De Greeve keert terug achter de microfoon voor zijn wekelijkse rubriek *Lichtbaken*. Het KRO-boegbeeld mag zich verheugen in een trouwe schare luisteraars, die tijdens zijn toespraken aan de radio zit gekluisterd. De Greeve blijft spraakmakend: hij predikt barmhartigheid tegenover landverraders en houdt geharnaste anti-communistische radiopraatjes.

In het eerste jaar na de Bevrijding zijn de leefomstandigheden nog moeilijk. Het is voor veel Amsterdammers dan ook een buitenkansje als voedselproducten uit de Canadese legervoorraden aan het publiek worden uitgedeeld. Gewapend met emmers en boodschappentassen trekken huisvrouwen en kinderen er op uit om hun aandeel in ontvangst te nemen. De militairen wegen de porties zorgvuldig af met behulp van grote weegschalen en leggen hun vrijgevigheid op film vast. Opvallend is het geduld waarmee de gelukkigen op hun beurt wachten. In februari 1946 gaan de laatste Canadese eenheden weer naar huis,.en nemen afscheid van een dankbare Nederlandse bevolking.

☐ NATIONAAL ARCHIEF, ANEFO, FOTO LOU WOUDHUIZEN

Niet alleen de Duitse bezetters, maar ook de Britse bevrijders kunnen moeilijk uit de voeten met de Nederlandse trams. Een Britse vrachtwagen komt in onzachte aanraking met een hoofdstedelijke motorwagen op de drukke lijn 1. De tram is in die dagen het belangrijkste vervoermiddel in de hoofdstad. Tijdens de bezetting zijn veel tramstellen naar Duitsland verdwenen, maar vanaf juni 1945 lukt het weer om het tramverkeer te herstellen. Bussen zijn nog schaars, auto's alleen weggelegd voor de welgestelden en berijdbare fietsen zijn nog moeilijk te krijgen. Trams rijden met grote trossen passagiers op de balkons. Daarom is het zaak een verstoring van de dienstregeling snel te verhelpen.

Na de Slag om Arnhem vormt de Maas in Limburg maanden achtereen de frontlijn. Duitse en Amerikaanse kanonnen ruïneren de streek. De materiële schade aan de huizen is enorm. Halve steden en hele dorpen liggen in puin. Tussen de ruïnes verrijzen noodonderkomens met weinig licht en lucht. In deze hangars en schuren heersen onbeschrijfelijke woontoestanden, ruim een jaar na de bevrijding vastgelegd in een fotoreportage van het Algemeen Nederlands Fotopersbureau Anefo. Wc's zijn afwezig. Een teil in de hoek fungeert als toilet. De daklozen overleven met samengeraapt meubilair, en slapen in gammele stapelbedden. Het duurt nog jaren voor de oorlogsschade is hersteld en de laatste 'onbewoonbaar verklaarde woningen' eindelijk kunnen worden opgeruimd.

☐ NATIONAAL ARCHIEF, ANEFO, FOTO CHARLES BREIJER

Brandstof blijft in de eerste jaren na 1945 oorlog schaars en duur. Een in de crisisjaren en de oorlog populaire bezigheid blijft daardoor ook in de tweede helft van de jaren '40 noodzakelijk voor de allerarmsten. Vooral vrouwen en meisjes houden zich bezig met het rapen van kolen. Cokes, kolen en kolengruis zijn te vinden op rangeerterreinen en bij werkplaatsen van de spoorwegen en bij de opslagplaatsen van gasfabrieken en elektriciteitsbedrijven en bij de kolenloodsen van gewone fabrieken. Er zijn twee grote verschillen met de Hongerwinter. De nood is niet meer zo hoog als in 1945 en de meisjes lopen minder risico bij het illegaal betreden van bedrijfsterreinen.

Sensatie op het Damrak! Alsof er een dure glimmende sportauto te kijk staat, kijken Amsterdammers met begerige ogen naar een etalage vol fietsen: rijwielen met banden zonder bon! Voor de meeste kijkers is de splinternieuwe fiets vanwege de prijs nog onbereikbaar, maar het ergste leed is geleden. Verleden tijd zijn de houten banden die furore maakten als gevolg van het tekort aan rubberen banden. Voorbij is vooral de angst voor de Duitsers en hun handlangers, die tijdens de oorlogsjaren fietsen vorderden of zelfs ter plekke in beslag namen. De enige bedreiging vormen nu de fietsendieven, die in vredestijd hun vertrouwde bezigheid weer hebben opgepakt.

☐ IISG, FOTO BEN VAN MEERENDONK

Op bevel van Hitler wordt eind jaren '30 in Nedersaksen een grote autofabriek gebouwd, die de 'gewone Duitsers' voor 1400 Mark een leuke personenauto moet bezorgen. In Wolfsburg komt het als gevolg van de oorlog niet tot een massaproductie van de 'Kever', de bijnaam van de eerste personenauto uit de Volkswagenfabriek. Nog voor het uitbreken van de wereldbrand legt de Nederlandse zakenman Ben Pon de importrechten vast. Na de oorlog gaat de verwoeste onderneming bijna op de fles. Uiteindelijk begint alsnog de productie van Kevers voor het Britse leger. Pon gaat terug naar Wolfsburg en slaagt erin zes Volkswagens voor Nederland te reserveren. In oktober 1947 maken ze een triomfantelijke intocht. Pon heeft in de tussentijd bij een werkbezoek een schets gemaakt van de succesvolle koekblikachtige bestelbus Volkswagen Transporter.

De klaar-overs zijn een 'uitvinding' van L.A.A. Cohen, commissaris van de Amsterdamse verkeerspolitie. Hij heeft gelezen over *Junior Safety Squads* in de Verenigde Staten. Hoofdagent G. Sterk gaat op familiebezoek in Grand Rapids en brengt tussen de bedrijven door rapport uit. Cohen maakt zich zorgen over het groeiende aantal verkeersslachtoffers onder kinderen. Niemand ziet heil in het idee van de commissaris behalve een school in de drukke Van Baerlestraat. Daar gaan, gewapend met witte koppelriem en spiegelei, de eerste klaar-overs aan de slag. De jeugdige 'verkeersbrigadiers', zoals ze officieel heten, begeleiden jongere kinderen met het oversteken. Het gevaar van toen – veel fietsers, wat auto's en een verdwaalde bestelwagen – valt in het niet bij de huidige verkeersdrukte.

☐ IISG, FOTO BEN VAN MEERENDONK

Hun stad ligt in de winter van 1944/1945 midden in de frontlinie. Het stads-
centrum is verwoest door bombardementen. Toch duurt het niet lang of in
Venlo keert het carnaval terug, dat tijdens de Duitse bezetting niet is gevierd. De
eerste vieringen van het volksfeest verlopen nog met bescheiden middelen. Prins
Carnaval en zijn gevolg laten zich rondrijden in Jeeps, die ruim voorhanden zijn op
legerdumps. Huzaren vormen een opvallend onderdeel van de carnavalsoptocht.
De militairen trekken te paard door de stad en blazen de trompet bij het stadhuis.
Van buitenissige verkleedpartijen is drie jaar na het einde van de oorlog nog geen
sprake. Soberheid luidt het parool.

Een belangrijke mijlpaal in de normalisering van het alledaagse leven wordt bereikt in februari 1948. Eindelijk zijn de fietsbanden van de bon. Een onontbeerlijk onderdeel van de fiets, op dat moment nog steeds het belangrijkste bezit van de gemiddelde Nederlander, is voortaan vrij verkrijgbaar. De distributie is nog niet gelijk verdwenen na de Bevrijding, maar geleidelijk nemen de tekorten af en verdwijnen de bonnen. Koffie blijft duur en schaars, wat leidt tot het surrogaatmiddel cichorei, waaraan door de fabrikant Buisman gecaramelliseerde suiker wordt toegevoegd. Pas in 1958 verdwijnen als laatste de koffiebonnen. In 1973, tijdens de oliecrisis, zal Nederland kortstondig te maken krijgen met benzinebonnen.

☐ NATIONAAL ARCHIEF, ANEFO, FOTO J.D. NOSKE

Door bombardementen, inundaties, evacuaties en gevechtshandelingen zijn tijdens de oorlog een half miljoen van de negen miljoen woningen verwoest. Anderhalf miljoen huizen zijn licht beschadigd. In Limburg, Zeeland, rond Arnhem, in Rotterdam en in de kustgebieden is de nood hoog. Premier Schermerhorn houdt in juni 1945 een toespraak, waarin hij verwacht dat de woningnood in tien jaar is opgelost. Voorlopig is dat niet haalbaar. Er is een tekort aan alles: hout, staal, stenen, glas, vrachtauto's, werkkleding en gereedschap. Van 1946 tot 1950 stijgt de woningproductie van 1600 tot 47.000 woningen per jaar, ver onder de vereiste 70.000 woningen. Voorlopig moeten woningzoekenden uitzien naar kamers en blijft de woningnood volksvijand nummer één.

Deze twee jongens zijn met bal en kicksen op weg naar een schoolvoetbal-toernooi. Sportbeoefening is na de oorlog een van de middelen om de ontspoorde jeugd weer op het rechte pad te brengen. Net als tijdens de bezettingstijd maken kerken en overheid zich zorgen om de jeugd. In de laatste fase van de oorlog zijn veel vaders ondergedoken of als dwangarbeiders naar Duitsland gestuurd. Het onderwijs ligt stil door de oorlogshandelingen en de Hongerwinter. Kinderen spijbelen om voedsel of brandstof te zoeken. De wilde feestvreugde tijdens de bevrijdingsdagen lijkt evenmin bevorderlijk voor de moraal van de jeugd, die ook na de oorlog maar niet wil deugen. Een ander gevaar is de achtergebleven munitie, waar stoere jongens graag naar op zoek zijn.

☐ IISG, FOTO BEN VAN MEERENDONK

Meisjes in jurk en met een strik in het haar, jongens soms in korte broek, met een overhemd al dan niet met slip-over, in een enkel geval zelfs met een stropdas. Dat is de outfit van de scholier in de periode van wederopbouw. Meester en juf geven les in uitgewoonde leslokalen. Het glastekort is voorbij zodat de ramen niet meer worden afgeschot met houten planken. Geld voor vervanging van het armzalige schoolmeubilair is er nog niet. Aan het einde van de zomervakantie van 1948 gaan de leerlingen op de eerste schooldag serieus aan de slag. Het onderwijs herstelt langzaam maar zeker van de rampzalige jaren, waarin zo veel schoolgebouwen werden gevorderd of verwoest en onderwijs door honger en kou onmogelijk was geworden.

Toen was geluk weer heel gewoon. Vier jaar na de Hongerwinter lijken de kou en de honger alweer ver voltooid verleden tijd. Op het menu staan aardappelen met jus. Rijst en pasta zijn vrijwel onbekende begrippen voor de Hollandse huisvrouw. Het oudste kind zal zeker zijn bord leegeten want hij heeft de Hongerwinter nog meegemaakt. Eten weggooien is een doodzonde. Als een klein kind 'ik heb honger' roept, krijgt hij een terechtwijzing: 'Je hebt trek, geen honger, want jij hebt de oorlog niet meegemaakt.' Vader is zeker niet de man die altijd het vlees snijdt, want in veel gezinnen staat vlees door geldgebrek slechts enkele keren per week op het menu, bijvoorbeeld op 'woensdag gehaktdag'.

An het eind van de jaren '40 gaan eerste levensbehoeften als boter, olie en vet eindelijk van de bon. Rond worden als een ton is het grote ideaal na de jaren van ontbering en gebrek. Wie de foto goed bekijkt ziet dat het aanbod van producten alweer behoorlijk is. Op de toonbank liggen pakjes margarine van het merk *Meppeler Kluit*, terwijl de klant een pakje roomboter krijgt aangereikt. Rechts in de etalage staan flessen wijn, beschuit en daarvoor potten met snoep. Zelfs de chocolades van De Heer (linksonder) zijn te koop.

De ouderwetse ijzeren vuilnisbak is nog *en vogue* als de Amsterdamse Stads-
reiniging weer eens in staking gaat – een van de vele krachtmetingen tussen het sociaal-democratische stadsbestuur en het communistisch georiënteerde
personeel. De bakken zijn relatief klein, een teken dat de welvaart nog beperkt is.
Schorten, overgooiers en bloemetjesjurken bepalen het modebeeld in deze
Amsterdamse volksbuurt. De textiel is nog maar net van de bon. De stinkende
vuilnisbak zal later plaatsmaken voor de plastic vuilniszak die op zijn beurt zal
wijken voor clico's. De ijzeren vuilnisbakken worden tegenwoordig als tuindeco-
ratie aangeboden.

CAREL BRENDEL

Handen uit de mouwen

De Nederlanders houden van aanpakken. Dat is tijdens de oorlog belangrijk, maar zeker ook daarna, als het land staat voor de opgave van een geweldige wederopbouw, waarvoor het uiterste van de bevolking wordt gevraagd. Als gevolg van de arbeidsinzet werken er eind 1943 ongeveer 275.000 Nederlandse mannen in Duitsland en zijn er bijna 100.000 onderduikers, die zich aan die arbeidsinzet proberen te onttrekken. Op de opengevallen plaatsen verschijnen opeens vrouwen in traditionele mannenberoepen. De Nederlander moet wel even wennen aan de conductrice op de tram of de vrouwelijke postbode. Na de oorlog wordt van iedereen gevraagd de handen uit de mouwen te steken.

De oorlogsdreiging wordt met de dag groter. Dat is de pijnlijke boodschap van de Staat van Oorlog of Beleg, die deze 'plakker' afkondigt op een Rotterdamse reclamezuil. Duitsland heeft de eveneens neutrale staten Denemarken en Noorwegen overrompeld. Tien dagen later landen de Duitse parachutisten in Rotterdam in een poging zich meester te maken van de Maasbruggen. Veertien dagen na deze opname ligt de Rotterdamse binnenstad in puin. Voor 'plakkers' breken drukke tijden aan. Een stroom van Duitse oproepen, bekendmakingen en waarschuwingen bereikt langs deze unieke weg de burgers die halverwege de oorlog hun radio moeten inleveren en bij deze zuiltjes het officiële nieuws halen.

De Nederlandsche Opbouwdienst wordt in juli 1940 opgericht door Rijkscommissaris Seyss-Inquart. De dienst is officieel bedoeld als opvang voor de gemobiliseerde, uit krijgsgevangenschap teruggekeerde beroepsmilitairen, later aangevuld met andere jonge mannen en vrouwen, die zich via een vorm van maatschappelijke dienstplicht nuttig kunnen maken bij het herstel van de oorlogsschade. De Duitsers proberen de Opbouwdienst om te vormen tot een nazistische organisatie, gemodelleerd naar de *Reichsarbeitsdienst*. Majoor Breunese, liefhebber van discipline maar geen NSB'er, krijgt de leiding. De commandant laat zich graag zien bij het spitwerk, waarmee zijn organisatie naam zal maken bij de sceptische bevolking. De Opbouwdienst legt wandelpaden aan met slogans als 'eerbied voor den arbeid' en 'door arbeidsvreugde tot levensvreugde'.

De hoofdstad heeft tijdens de meidagen nauwelijks oorlogsschade opgelopen. De werkzaamheden aan de trambanen op de Prins Hendrikkade bij het Centraal Station, die al voor de Duitse invasie zijn begonnen, worden gewoon weer opgepakt. De betonmolen en de zandzakken kunnen in deze fase van de bezetting probleemloos op de bouwplaats achterblijven. De eerste weken van de bezetting gaat het goed met de economie. De ongenode gasten zorgen voor een verhoogde omzet. Duitse militairen maken massaal een rondvaart door de Amsterdamse grachten. Tijdens het charmeoffensief van de nazi's worden goederen nog gewoon betaald en niet gestolen. Kinderen kunnen onbezorgd spelen op de bouwplaats. Hun ouders hebben de illusie dat het wel zal loslopen met de Duitse overheersing.

Twee maanden na de capitulatie gaat de Amsterdamse effectenbeurs weer open en lopen de zaken weer als vanouds. De hoofdstedelijke beurs blijft functioneren tot september 1944 (Dolle Dinsdag). Na de Bevrijding wordt de handel in aandelen op 7 januari 1946 hervat. In oktober 1941 krijgt de Duitse roofbank Lippmann, Rosenthal & Co. (Liro) toegang tot de beurs en gaat aandelen van joodse burgers verhandelen. Hoewel vrijwel iedereen op de beursvloer beseft dat het om geroofde effecten gaat, gaat het beursbestuur zonder meer akkoord met deze handel. De door de Duitser als leider aangestelde beursvoorzitter Carel Overhoff slaagt er in als een soort verzetsheld uit de oorlog te komen en het Liro-schandaal in de doofpot te stoppen.

I n de eerste maanden van de Duitse over-heersing gaat veel aan-dacht uit naar de slacht-offers van het Duitse bombardement op Rot-terdam. Door heel het land komen spontane hulpacties op gang. De middenstand helpt mee door twintig procent van de omzet te schenken aan de wederopbouw van het verwoeste Rot-terdamse stadshart. De porseleinwinkel Focke & Meltzer in de chique Kalverstraat in Amsterdam voert een campagne met Delfts aardewerk om de kooplust van de klanten te bevorde-ren. Mede door dergelijke reclamestunts leeft de economie op in de eerste bezet-tingsmaanden. De Duitse media wijten de ellende voor de Rotterdammers overi-gens aan het zinloze verzet van de gevluchte Nederlandse regering.

Hoewel sommige sectoren van de economie opleven, stijgt het aantal werklozen in Nederland in de eerste oorlogsmaanden. Duitsland daarentegen heeft een grote behoefte aan arbeidskrachten. Voor de oorlog kunnen werklozen werk in Duitsland weigeren zonder gevolgen voor hun uitkering. Aan dat 'voorrecht' maakt de bezetter weldra een einde, als blijkt dat vrijwilligers voor werk buiten Nederland nauwelijks te vinden zijn. De arbeidsbureaus storten zich massaal op de gedwongen arbeidsbemiddeling naar Duitsland. In mei 1941 werken al 120.000 Nederlanders over de oostgrens. Tienduizenden mensen werken in België en Frankrijk voor Nederlandse bunkerbouwers. Op de stations worden geïmproviseerde bureaus ingericht waar de werkwilligen zich kunnen melden.

In 1937, midden in de economische crisis, begint de bouw van de Maastunnel in Rotterdam. Hoewel niet ver van de bouwplaats de binnenstad volledig is verwoest, gaat de aanleg van de nieuwe oeververbinding met volle kracht verder. Eind december komt een Duitse delegatie naar Rotterdam om de vorderingen te inspecteren. De Maastunnel zal op 14 februari 1942 worden geopend. Van feestelijkheden wordt afgezien 'gezien de omstandigheden'. Naast de autotunnel zijn er twee boven elkaar gelegen buizen voor fietsers en voetgangers. Aan het einde van de oorlog brengen de Duitsers explosieven aan in de tunnel. Het nieuwe bouwwerk blijft gespaard voor de vernielzucht, omdat het verzet de springladingen bijtijds onklaar heeft gemaakt.

Onderdeel van het takenpakket van de Rijkscommissaris zijn de voor propaganda bedoelde werkbezoeken aan de mensen in het land. Op 5 december
1940 reist dr. Seyss-Inquart daarvoor naar Leerdam. In zijn gevolg rijden enkele
vrachtwagens de glasstad binnen. Ze zijn volgeladen met cadeautjes die hij uit-
deelt op een Sinterklaasfeest voor de kinderen van de arbeiders van Glasfabriek
Leerdam. Daarna gaat de Oostenrijkse 'kindervriend' een kijkje nemen in het
bedrijf zelf. Glasfabriek Leerdam heeft een internationale reputatie dankzij de
kunstenaars en architecten (onder wie de bekende H.P. Berlage) die worden ingeschakeld als ontwerper van sier- en gebruiksglas. Seyss-Inquart inspecteert
samen met de directeur een productielijn voor wijnglazen.

De tentoonstellingen in de Utrechtse Jaarbeurs gaan gewoon door in het eerste bezettingsjaar. Duitse standhouders en bezoekers zijn meer dan welkom. De economische samenwerking tussen Nederland en Duitsland neemt een hoge vlucht. De Utrechtse staalfabrieken hebben het razend druk met orders uit het oosten. Voorzitter van de raad van beheer van de Jaarbeurs is grootindustrieel Frits Fentener van Vlissingen, die al voor de oorlog een rol speelt in de toenadering tussen Nederlandse en Duitse ondernemers. Kort voor de oorlog heeft Fentener van Vlissingen 200.000 gulden geschonken voor een nieuwe schouwburg, zodat hij op de plek van het oude theater aan het Vredenburg een nieuw Jaarbeurs-gebouw kan neerzetten. De nieuwe Stadsschouwburg van Utrecht wordt op 3 september 1941 feestelijk geopend.

Rijkscommissaris Seyss-Inquart streeft naar een *Verflechtung* van de Neder-landse en Duitse economieën. Veel animo is er onder Duitse ondernemers echter niet om in Nederlandse ondernemingen te investeren. Seyss-Inquart blijft desondanks zijn best doen om de Duitse belangstelling voor het 'Germaanse broedervolk' te stimuleren. Trots op Nederland is de gezagsdrager vooral vanwege de inpolderingen. De Rijkscommissaris heeft grote belangstelling voor de droog-legging van de Zuiderzee. Bij alle maatregelen wordt de aanleg van de Noordoost-polder ontzien. Seyss-Inquart neemt in 1941 een groep Duitse journalisten mee op excursie naar het gebied. In Kampen krijgen ze een plaquette te zien van de nieu-we polder. Burgemeester H.M. Oldenhof geeft uitleg.

Vóór het uitbreken van de Tweede Wereldoorlog is Nederland al zeer geliefd bij Duitse toeristen, die graag de badplaatsen en de bollenvelden achter de kust bezoeken. Duitsland ontwikkelt zich tot een belangrijk exportland voor de Nederlandse bloemenkwekers. Een belangrijk centrum voor de export is de veiling van Aalsmeer. In de eerste oorlogsjaren, als transport en handel in beide landen nog redelijk functioneren, blijft de bloemenexport naar de oosterburen van groot belang. In juni 1941 maakt een medewerker van *Stapf Bilderdienst* een uitgebreide fotoreportage in Aalsmeer. In 1945 zal Duitsland in puin liggen, maar dankzij de Marshallhulp en het *Wirtschaftswunder* zullen de bloemenexport naar Duitsland en het Duitse bollentoerisme weer snel van de grond komen.

In juni 1941 valt de *Wehrmacht* de Sovjet-Unie aan. De Duitsers willen de veroverde gebieden koloniseren met Germaanse boeren. Zo'n 600 Nederlanders laten zich strikken voor een avontuur in Oekraïne, merendeels landbouwkrachten met een NSB-achtergrond. De kolonisten van het Ostland vertrekken via station Oldenzaal, waar ze de eerste keer worden toegesproken door ir. C. Staf, directeur van de Nederlandse Heide Maatschappij. Zijn collaboratie met de uitzending van boeren is voor de latere christelijk-historische politicus geen beletsel om in de jaren '50 minister van Oorlog te worden. Van de 600 boeren keren er weldra 150 gedesillusioneerd terug. De achterblijvers fungeren als schietschijf voor de Russische partizanen. Enkele tientallen boeren overleven de inzet in het Oosten niet.

De Nederlandse Opbouwdienst is inmiddels omgedoopt in Nederlandse
Arbeidsdienst, maar de nieuwe naam verandert weinig aan het zwakke
imago. De leiding doet vergeefse pogingen om de gewone leden, de voor zes
maanden ingelijfde 'arbeidsmannen', discipline bij te brengen en een nationaal-
socialistische geest te verspreiden. De defilés met de spreekwoordelijke schop
over de schouder wekken vooral de lachlust op. De Arbeidsdienst blijft een toe-
vluchtsoord voor jongeren, die door een beetje te spitten proberen aan uitzending
naar Duitsland te ontkomen. Pogingen om vrijwilligers te werven voor het Oostfront hebben nauwelijks succes bij de arbeidsmannen. Ze lanterfanten liever in
het veilige Nederland. De restanten van de Arbeidsdienst houden zich in de laatste oorlogsjaren vooral bezig met spitwerk voor de *Wehrmacht*.

Het gebrek aan sigaretten bevordert de creativiteit en de zelfwerkzaamheid. Verstokte rokers proberen door het telen van tabak in de eigen behoeften te voorzien. De kwaliteit van de zelfgekweekte tabak valt vaak tegen. De oogst wordt op zolder gedroogd. Om wat langer met de voorraad te doen wordt de tabak versneden met koolbladeren. Niet-rokers kunnen hun tabaksbonnen ruilen tegen bonnen voor vlees, textiel, suiker en schoenen. De zwarthandel in sigaretten wordt met de dag lucratiever. Voor de nicotineverslaafden zonder tabaksbon of eigen oogst rest er nog slechts één alternatief: bukshag. Onder die naam gaan sigaretten de geschiedenis in die worden gedraaid uit de tabak van op straat weggeworpen peuken.

Als gevolg van de arbeids-inzet werken er eind 1943 ongeveer 275.000 Nederlandse mannen in Duitsland. Daarnaast zijn er bijna 100.000 onderduikers, die zich aan de *Arbeitseinsatz* proberen te onttrekken. Om de opengevallen plaatsen op te vullen verschijnen op sommige plaatsen (vaak ongetrouwde) vrouwen in traditionele mannenberoepen. De Nederlander moet halverwege de oorlog even wennen aan de conductrice op de tram of de vrouwelijke postbode (foto). Toch proberen de meeste werkgevers hun mannen in dienst te houden om hun voor gedwongen uitzending naar Duitsland te behoeden. De PTT hanteert ook tussen 1940 en 1945 de ijzeren regel dat vrouwen hun functie moeten opgeven zodra ze in het huwelijk treden.

Na de Slag om Arnhem ontstaan nieuwe frontlijnen. De Duitsers zitten dringend verlegen om werkkrachten om nieuwe stellingen en tankgrachten aan te leggen of te versterken. De Grebbelinie tussen Rijn en IJsselmeer wordt opnieuw opgebouwd, dit keer om de geallieerden tegen te houden. De Duitsers slagen er daardoor in de bevrijding van West-Nederland tot de capitulatie tegen te houden. Boeren en boerenknechten zijn vertrouwd met de schop. Zij zijn dan ook het doelwit van een grote razzia in Veendendaal, dat midden in de Grebbelinie ligt. Voor de winkel van Albert Heijn wordt een groep mannen afgevoerd. De Nederlandse economie is op dat moment volledig ingestort. De Duitsers roven het land leeg. Vrijwel alle Nederlanders snakken naar de bevrijding.

I n de weken na de Bevrijding stromen rond de 250.000 dwangarbeiders terug naar Nederland. Ze worden aan de grens opgevangen. Daar worden ze eerst met DDT ontluisd. Daarnaast is er onderzoek naar hun politieke betrouwbaarheid. Veel NSB'ers – nu als politieke delinquenten aangeduid – zijn na Dolle Dinsdag naar Duitsland gevlucht en proberen tussen de terugkerende dwangarbeiders het land binnen te glippen. Niet alle dwangarbeiders hebben ontberingen geleden. Wie in een klein bedrijfje of op het platteland heeft gewerkt, is er beter aan toe dan de spitters in de grote barakkenkampen. Deze repatriant heeft tussendoor wat Marken bijverdiend door een partijtje te boksen, getuige de bokshandschoenen aan zijn plunjezak. Ruim duizend dwangarbeiders sterven in Duitsland door honger of geallieerde luchtaanvallen.

Walcheren aan de monding van de Schelde is in het najaar een bloedig strijd-toneel. De geallieerden lijden grote verliezen, maar weten uiteindelijke de scheepvaartroute naar Antwerpen in handen te krijgen. Tijdens hun aanval bombarderen ze in oktober 1944 de dijken van Walcheren, waardoor een groot deel van het eiland onder water komt te staan. Bij Fort Rammekens is een bres van 300 meter ontstaan. Pas in juli 1945 is er genoeg materiaal om het dijkherstel serieus aan te pakken. In december wordt het gat van Rammekens provisorisch gedicht. Het dichten van de dijken gebeurt door het afzinken van de caissons, die de geallieerden in Normandië met *D-Day* hebben gebruikt voor de aanleg van hun provisorische havens.

'**D**e voerman laat er nu paarden draven. En aan de horizon ligt Emmeloord.' De *Zuiderzeeballade* is pas in 1958 geschreven, maar de fascinatie met de Noordoostpolder dateert al uit de jaren van oorlog en bezetting. Een winkel in Emmeloord krijgt nieuwe waren aangeleverd. Op het nieuwe land zijn landarbeiders druk bezig met het snijden van riet. In Nederland is veel verwoest en geplunderd, maar op de bodem van de voormalige Zuiderzee verrijst een samenleving die vrijwel ongeschonden uit de Tweede Wereldoorlog is gekomen. 'Waar eens de golven het land bedolven, golft nu een halmenzee, de oogst is rijk.'

Op het geïnundeerde Walcheren stroomt het zoute water twee maal per etmaal door de uitgesleten dijkgaten. Slib, zand en zout overstromen de vruchtbare landbouwgronden. De stroming slijt diepe geulen uit die ruim zestig jaar later nog steeds in het landschap zichtbaar zijn. Sommige woningen op Walcheren hebben nog altijd last van vocht door het zoute water dat toen in de muren is getrokken. De eerste taak van de landarbeiders is het ontzilten van de aangetaste bodem. Door het zout aangetaste bomen worden gekapt. Plakken zoutkristallen worden opgeruimd. In maart 1946 staat nog een klein deel van het voormalige Zeeuwse eiland onder water. Het in 1944 zo zwaar getroffen Walcheren zal overigens gespaard blijven bij de grote overstromingsramp van 1953.

Bouwvakkers in diverse poses op de steiger tegen een landelijke achtergrond symboliseren het herrijzende Nederland in het eerste bevrijdingsjaar. Ze werken hard aan het herstel van de brug bij Kornwerderzand aan de Friese kant van de Afsluitdijk. In mei 1940 is hevig gevochten bij dit sluizencomplex. Kornwerderzand gaat daardoor de geschiedenis in als de enige plek waar de Duitse aanval is afgeslagen. Hier eindigt in april 1945 ook de opmars van de Canadese bevrijders door Friesland. Bij elkaar zijn in Nederland 900 verkeersbruggen door de Duitsers opgeblazen. Het duurt bijna tien jaar voor alle verbindingen voor het wegverkeer zijn hersteld.

☐ NATIONAAL ARCHIEF, ANEFO, FOTO JOEP FRIEZER

De Duitsers schakelen de Fokkerfabriek in Amsterdam-Noord in bij de fabricage van militaire vliegtuigen. Het aantal arbeiders stijgt van 1700 naar 5000, maar de productie daalt desondanks omdat het personeel de lijn trekt of saboteert. Aan het einde van de oorlog worden alle machines en materialen geroofd en naar Duitsland afgevoerd. Fokker, dat ook een fabriekje heeft in het Zeeuwse Veere, moet helemaal opnieuw beginnen. De eerste tijd bouwt het bedrijf militaire Dakota's om tot passagiersvliegtuigen. Daarnaast houdt de fabriek zich bezig met de vervaardiging van zweefvliegtuigen, autobussen, plaatvervormers en jerrycans. Pas in 1951 breekt een nieuwe glorietijd aan voor Fokker met de opening van een nieuwe fabriek op Schiphol. De zweeftoestellen komen uit Veere.

De 'Glazen Stad' heeft zwaar te lijden gehad tijdens de Hongerwinter. Door gebrek aan brandstof kunnen de kassen in het Westland niet worden verwarmd. Een jaar na de oorlog is het herstel in volle gang. De kwekers doen hun uiterste best om het herrijzende Nederlandse volk van vitaminerijke groenten en sla te voorzien. Het is improviseren geblazen. Zo worden de tomatenplanten opgekweekt in een druivenserre (foto). Het vervoer van en naar de veilingen gaat per schuit, met paard en wagen of met gammele vrachtwagens. Dat is nog lang niet het wagenpark waardoor de Glazen Stad kan gaan fungeren als de exportmachine van de Nederlandse tuinbouw.

Tijdens de oorlog gaat de elektrificatie van het Nederlandse spoorwegnet langzaam verder. In 1942 komt het tracé tussen Utrecht en Hilversum onder de draad. Daarna begint de aanleg van de portalen en het aanbrengen van de bovenleiding op de Gooilijn, het traject van Amsterdam naar Amersfoort. Aan het eind van de bezetting komt het werk stil te liggen. Overal roven de Duitsers rails, koperen leidingen en spoorwegmaterieel. Na de bevrijding wordt het werk direct hervat met als resultaat dat ruim een jaar later het eerste elektrische treinstel met fanfaregeschal kan worden verwelkomd. Een aantal van de fameuze 'blokken-dozen' verzorgt de eerste elektrische rit op de Gooilijn.

Als reactie op de geallieerde opmars in West-Brabant vernielen de Duitsers de Moerdijkbrug. Enkele brugpijlers worden onherstelbaar beschadigd. Ook de naburige verkeersbrug wordt opgeblazen. Het herstel van de voor het kolenvervoer vanuit Zuid-Limburg belangrijke verbinding tussen de Randstad en het zuiden heeft in 1945 prioriteit. Eerst wordt de verkeersbrug provisorisch gerepareerd, daarna is de spoorbrug aan de beurt. Om te voorzien in het tekort aan staal krijgt de nieuwe spoorbrug tien in plaats van veertien overspanningen. De resterende vier gaten worden door een dam vervangen. In augustus 1946 verricht prins Bernhard (links) de officiële heropening. Daarna kan de bouw beginnen van een nieuwe dubbelsporige brug, die in 1955 gereed zal zijn.

Bij het bombardement op de zeedijk van Westkapelle op Walcheren in oktober 1944 belanden veel Britse bommen op het dorp. Hierbij komen 180 mensen om het leven. Bijna geen steen staat nog overeind na het bombardement en de latere landingen van de geallieerden. In oktober 1945 wordt het grote gat gedicht en kan de herbouw van het verwoeste dorp beginnen. Twee jaar later is de opbouw in volle gang. De dorpskerk staat in de steigers. Hijskranen helpen bij het uitladen van stenen. De bouwvakkers moeten werken met eenvoudige ladders en kruiwagens. Gebrek aan gereedschappen en grondstoffen zet de rem op de wederopbouw.

Wonderbaarlijk snel verloopt de wederopbouw van de luchthaven Schiphol. Het door de Duitsers voor militaire doeleinden gebruikte vliegveld is tijdens de Bezetting een vrijwel permanent doelwit van de geallieerde bombardementen. Aan het einde van de oorlog vernielen de Duitsers het weinige dat nog overeind staat op Schiphol. Toch landt al op 8 juli 1945 een Douglas DC-3 op een geïmproviseerde landingsbaan. Daarna gaat het opruimen van mijnen, munitie en puin onverdroten voort, een klus die vele jaren zal vergen. De KLM hervat in september 1945 het vliegverkeer en opent in mei 1946 een eerste verbinding met de Verenigde Staten. In 1949 besluit de regering dat Schiphol de belangrijkste luchthaven van Nederland zal blijven.

De zomer van 1947 is de warmste van de afgelopen honderd jaar. Op 27 juni wordt in Maastricht een temperatuur van 38,4 graden gemeten. In vier achtereenvolgende hittegolven stijgt het kwik regelmatig boven de 30 graden. De tropische hitte heeft fatale gevolgen voor de landbouw, vooral op de zand-gronden. De aardappels verschroeien op het land. Een ploegje landarbeiders probeert in het westen van Noord-Brabant van de oogst te redden wat er nog te redden valt. Nederland ondergaat de hittegolven zonder moderne afweermiddelen als airconditioning en ventilatoren. Opvallend is de relatief geringe aandacht van de media voor de hitte. Het is de tijd van werken en niet zeuren.

Aan de oevers van het IJ keert de scheepsbouw in volle glorie terug. Het vrachtschip Bougainville, gebouwd in opdracht van A.F. Klaveness en Co., wordt te water gelaten op de werf van de Nederlandse Dok- en Scheepsbouw Maatschappij (NDSM). Deze werf in Amsterdam wordt in 1946 opgericht door een fusie van de oude werven NDM en NSM. Het bedrijf wordt een grote werkgever voor duizenden metaalbewerkers in Amsterdam-Noord. Het strekt zich over twee kilometer uit aan de noordkant van het IJ. Later wordt het onder de bekende scheepsbouwer Cornelis Verolme een bouwplaats voor mammoettankers. Van de befaamde scheepsbouwindustrie in Amsterdam-Noord is nu weinig meer over.

☐ IISG, FOTO BEN VAN MEERENDONK

Het gloeilampenconcern Philips doet in de jaren dertig de eerste experimen-ten met een totaal nieuw medium: de televisie. In het Natuurkundig Labo-ratorium bouwt tv-pionier Erik de Vries de eerste zenders, waarmee hij proefuit-zendingen maakt. Pas na de oorlog kan De Vries serieus doorgaan met zijn werk. Vanaf 1948 leidt de 'vader van de Nederlandse televisie' 264 proefuitzendingen vanuit Eindhoven. In de Lichtstad kunnen enkele honderden medewerkers van Philips de beelden ontvangen. Op 12 december 1949 geeft de regering toestem-ming voor de invoering van televisie in Nederland. De eerste officiële openbare uitzending is op 2 oktober 1951 vanuit Bussum. Nederland telt op dat moment 500 gelukkigen met een tv-toestel.

De Nederlandse Spoorwegen hebben een grote behoefte aan elektrische locomotieven om de Limburgse kolen te vervoeren. Er worden tien stuks besteld bij de Zwitserse fabrikant SLM, waarvan er zeven worden gebouwd door Werkspoor in Utrecht, de grote fabrikant van rollend materieel in Nederland. De locs uit de serie 1000 maken hun eerste ritten in 1948 en blijven actief tot 1982. Werkspoor bouwt dankzij de Marshallhulp in de jaren 50 nog eens 25 elektrische locomotieven. Prins Bernhard sleept nog een Argentijnse miljoenenorder binnen voor Werkspoor, maar dat alles kan niet verhinderen dat een van de grote symbolen van de Nederlandse wederopbouw in 1972 de poorten moet sluiten.

De Haarlemmerweg in Amsterdam-West krijgt een nieuwe laag asfalt. Het werk wordt uitgevoerd met voor onze begrippen primitieve middelen. Arbeiders en omstanders doen niets om zichzelf te beschermen tegen het lawaai of de schadelijke stoffen. Een tweebaansweg tussen Amsterdam en Haarlem is dan nog ruim voldoende. In 1949 heeft Nederland 100.000 personenauto's, net zo veel als voor de oorlog. Verder rijden er 76.000 vrachtwagens rond en 6000 autobussen. Het duurt nog zo'n vijftien jaar voordat 'de gewone man' zich een auto voor de deur kan veroorloven.

Een stukje nationale trots is de walvisvaarder Willem Barendsz. De ADM en de NDSM maken in 1946 de voormalige Zweedse tanker geschikt voor de eerste Nederlandse walvisvaartexpeditie naar de wateren rond Antarctica. Het schip krijgt een slipway om walvissen aan boord te trekken. In 1954 komt er een tweede modernere Willem Barendsz en wordt het eerste schip omgedoopt tot Bloemendael. Eind 1949 vertrekt WB I voor een nieuwe reis naar de Zuidpool. Niemand kan voorzien dat Nederland al in 1964 stopt met de walvisvaart vanwege de vangstbeperkingen. Nederlandse kinderen 'moesten om groot te worden elke dag een lepel levertraan naar binnen werken'.

Het Amsterdam-Rijnkanaal is een project dat in de jaren '30 van start gaat, maar door de oorlog wordt afgebroken. Een van de ontwerpers is ir. Anton Mussert, de later ter dood veroordeelde leider van de NSB. Na de bevrijding gaat Nederland verder met de aanleg van een eigentijdse scheepvaartverbinding tussen Amsterdam en het Duitse achterland. Het nieuwe kanaal is klaar in 1952. Lassers zijn eind 1949 druk bezig met de bouw van een grote sluis bij Tiel, die het kanaal verbindt met de Waal. De Amsterdamse haven heeft intussen veel van haar glans verloren, maar het Amsterdam-Rijnkanaal blijft een doorslaggevend succes. Al in 1965 wordt besloten om het kanaal te verbreden.

Gekleurde werkelijkheid

De jaren '40 zijn door zwart-foto's en films in beeld gebracht. Het zijn de zwart-wit opnamen die voortleven in de herinnering en bepalend zijn voor het beeld van de Duitse bezetting en de jaren van herstel. Kleurenfotografie verkeerde nog in een experimentele fase. Veelal waren het professionele persfotografen die het kleurenwerk erbij deden. Daarnaast waren er amateurfotografen zoals de Limburgse cineast Alphons Hustinx, die kleurenopnamen maakten. Slechts weinig van deze afbeeldingen zijn bewaard gebleven. Maar hoe gering in aantal ook, deze dia-opnamen 'kleuren' de werkelijkheid in en geven een nuancering aan het ingeprente zwart-wit beeld van oorlog, bezetting en wederopbouw.

Iets meer dan een week voor de Duitse inval geniet Nederland op Hemelvaartsdag van het mooie weer.

Kinderen spelen bij de bootjesvijver.

Duitse soldaten kopen etenswaren bij een straatventer.

Duitse troepen in opmars naar België onderhouden zich met de plaatselijke jeugd.

Verongelukte Duitse Junker Ju-52 toestellen waarmee luchtlandingstroepen zijn aangevoerd.

In het zwaar geteisterde Rotterdam komt in de omgeving van de Laurens-kerk het dagelijks leven langzaam op gang.

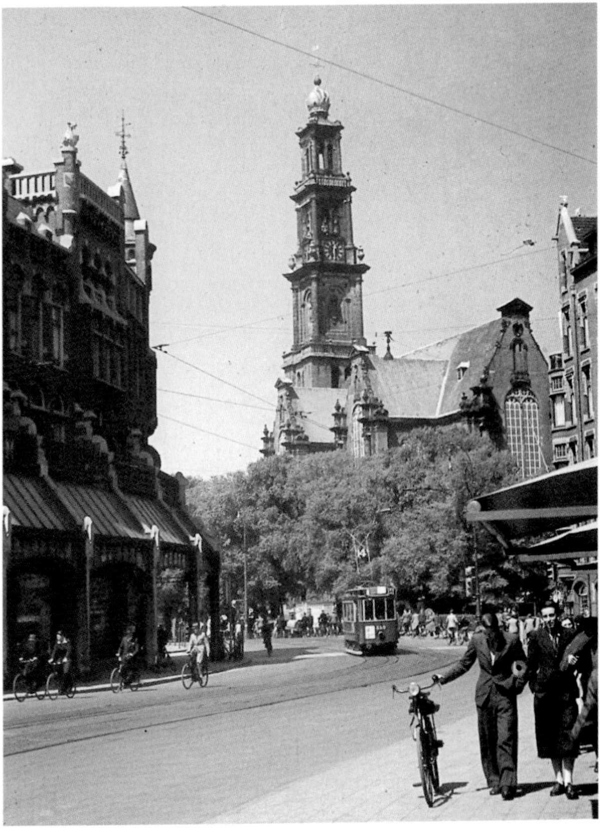

De hoofdstad heeft weinig schade ondervonden van de Duitse inval. In de Raadhuisstraat, met zicht op de Westertoren, verwijst niets naar een Duitse bezetting.

BEELDBANK WO2 / NIOD, DIA-ARCHIEF A. HUSTINX □

Een jaar na het bombardement op de stad. Naast ANWB-bewegwijzering zijn Duitse borden in het straatbeeld verschenen.

Witte Donderdag, drie dagen voor Pasen; het is Paasvakantie. Een meisje koopt een ijsje.

Affiches aan een schutting in de binnenstad.

Een bloemenventer verkoopt zijn waar.

De 'Electro-tax' kon zowel met mankracht als met een elektromotortje worden
voortbewogen.

Seyss-Inquart voert het woord op de grote bijeenkomst op het IJsclubterrein (Museumplein) naar aanleiding van de Duitse inval in de Sovjet-Unie.

WA-ers marcheren in de richting van de Maliebaan, waar het hoofdkwartier van de NSB gevestigd is.

Zomerse drukte op de boulevard waar de Nederlandse vlag wappert. Onder de strandgasten Duitse soldaten.

Het station is voorzien van een spandoek in het kader van de Duitse V-actie.

Duitse maatregel tegen de joodse bevolking.

Een bloemenventer met als stil protest een witte anjer in het knoopsgat. Een verwijzing naar de naar Londen uitgeweken prins Bernhard, die elke dag een anjer op zijn revers droeg

Bevrijdingsvreugde in de Eindhovense binnenstad.

Bevrijdingsfeest in Puiflijk, in het Land van Maas en Waal.

Kermisattractie bij de bevrijdingsfeesten in Puiflijk.

Optocht waarin de illegaliteit wordt verbeeld tijdens de officiële bevrijdingsfeesten in de hoofdstad.

Achtergebleven oorlogsmateriaal in het Gelderse land.

Een transportvliegtuig van de overheid wordt gereed gemaakt voor vertrek naar Indonesië.

Afbraak van een bunker aan de Koningskade.

Huiselijk tafereel van de familie Hustinx in het statige pand aan de Steegstraat in Roermond.

Kinderoptocht op Koninginnedag.

Elke zeven jaar wordt in Maastricht de Heiligdomsvaart gehouden. In processie worden relieken van de heilige Servatius door de stad gedragen.

Reünie van het internaat De Breul.

Reünie van het internaat De Breul.

Bloemenmeisjes in de bollenvelden.

Bezoekers in de speeltuin van dierenpark Blijdorp.

Moeder met haar kinderen op weg naar de tram.

Bewerken van het land.

Ford V-8 van cineast en fotogaaf Alphons Hustinx.

Zomerse dag aan het Scheveningse strand.

☐ DIA-ARCHIEF A. HUSTINX

ARIE WILSCHUT

Oost en west

E en paar dagen voor het jaar 1950 begint, komt er een einde aan de eeuwen-
lange koloniale relatie tussen Nederland en Nederlands-Indië. De tien
voorafgaande jaren zijn de opmaat daar naartoe. Het streven naar een grotere
zelfstandigheid van de kolonie dat vooruitstrevende Nederlandse bestuurders
uitdragen, wordt gefrustreerd door de Japanse bezetter en vervolgens door de
Indonesische vrijheidsstrijders. Twee politionele acties maken duidelijk dat er op
het wereldtoneel andere tijden zijn aangebroken.

In 1936 was jhr. mr. A.W.L. Tjarda van Starkenborgh Stachouwer aangetreden als gouverneur-generaal van Nederlands-Indië. Anders dan zijn voorganger B.C. de Jonge is hij een vooruitstrevend bestuurder met een open oog voor de ontwikkelingen in Indië. Deze moeten volgens hem leiden tot veel grotere zelfstandigheid van de kolonie. Met voortvarendheid pakt hij de modernisering van het land aan. Hij bevordert de transmigratie van Javanen naar de buitengewesten, de industrialisatie en de voedsellandbouw. Onder zijn bewind komt ook een grote uitbreiding van het onderwijs tot stand. Hier zien we de gouverneur in 1940 nog in alle rust aan tafel in het paleis van Batavia met zijn echtgenote en zijn dochter.

□ BEELDBANK WO2 / NIOD, FOTO DEANE DICKASON

I n de overzeese gebiedsdelen wordt intens meegeleefd met de oorlog in Europa en de lotgevallen van het moederland dat sinds mei 1940 door de Duitsers bezet is. Op deze foto zien we hoe in Paramaribo op 30 november 1940 de verjaardag van de Britse premier Winston Churchill demonstratief wordt gevierd. Suriname is voor de geallieerden vooral van belang wegens de winning van bauxiet. Ongeveer zestig procent van de geallieerde vliegtuigen die tijdens de oorlog worden gebouwd is vervaardigd uit Surinaamse bauxiet. Het land is in het begin van de oorlog vrijwel onverdedigd. Eind 1941 geeft de Nederlandse regering in Londen toestemming aan de Verenigde Staten om er troepen te stationeren.

De defensie van Nederlands-Indië berust bij het Koninklijk Nederlandsch-Indisch Leger (KNIL), dat geheel bestaat uit beroepsmilitairen. In vergelijking met het Nederlandse leger is het KNIL aan het begin van de Tweede Wereldoorlog modern uitgerust, onder andere met pantserwagens en tanks. Het personeel bestaat voor driekwart uit Indonesiërs, het grootste deel Javanen, maar ook relatief veel Zuid-Molukkers. Hier zien we enkele KNIL-soldaten op oefening in een Indonesische kampong, verbaasd aangestaard door een van de lokale bewoners. Het leger had het land nooit tegen een inval van buitenaf hoeven te verdedigen. De wapenfeiten bestonden eerder uit het handhaven van 'orde en rust' en het onder Nederlands gezag brengen van buitengewesten, zoals Atjeh, Lombok en Celebes.

☐ BEELDBANK WO2 / NIOD

Na de bezet-
ting van het
moederland is
Nederlands-Indië
voor zijn verdediging geheel op zichzelf aangewezen. Het land bezit geen wapen-
industrie waar modern wapentuig kan worden vervaardigd. Dat moet dus uit het
buitenland worden betrokken. Toch wordt ook in Indië zelf met man en macht
aangepakt om de defensie zo sterk mogelijk te maken. De Marine en het KNIL
bezitten munitiewerkplaatsen waar in elk geval kan worden voorzien in de
bevoorrading. Op de foto zien we hoe er gewerkt wordt in de munitiewerkplaats
in Bandoeng.

KNIL-troepen met een buitgemaakte Japanse vlag, staande op een vrachtauto op het Stationsplein in Batavia omstreeks 1 maart 1942. Nadat schout-
bij-nacht Karel Doorman op 27 februari 1942 de Slag in de Javazee had verloren,
kan een landing van Japanse troepen op Java niet meer verhinderd worden. Deze
groep KNIL-soldaten is erin geslaagd op Zuid-Sumatra een succesje te boeken
tegen de Japanse invallers. Staande op een vrachtauto in Batavia benedenstad
laten ze trots de veroverde Japanse vlag zien. Het zal één van de weinige successen geweest zijn, want het KNIL slaagt er niet in Java effectief tegen Japan te verdedigen. Op 9 maart 1942 moeten de Nederlandse strijdkrachten op Java voor de
overweldiger capituleren.

☐ BEELDBANK WO2 / NIOD

Na de bezetting van Nederlands-Indië door Japan zijn Suriname en de Nederlandse Antillen de enig overgebleven vrije delen van het Koninkrijk. Er zou een zekere logica in gezeten hebben als het uitgeweken prinselijke gezin van Juliana zich daar gevestigd had. Maar de voorkeur wordt gegeven aan een ballingschap in Canada. Veel koninklijke belangstelling is er sowieso niet voor de koloniën. Koningin Wilhelmina heeft er gedurende haar lange regeerperiode nooit een voet aan wal gezet. Juliana wil in 1940-'41 graag vanuit Ottawa naar Indië, maar dat mag niet, omdat het té onveilig is. Een bezoek aan de West zit er in die periode daarom ook niet in, want dan zou Indië zich beledigd kunnen voelen. Na de Japanse overweldiging valt dat laatste bezwaar weg. Hier zien we prinses Juliana dan ook tijdens een bezoek aan Curaçao in februari 1944. Ook Suriname wordt met een bezoek vereerd.

Door de Japanse bezetting is de positie van de 325.000 Nederlanders ten opzichte van de 70 miljoen Indonesiërs hachelijk geworden. Vrijwel alle Nederlanders verdwijnen in interneringskampen, de mannen gescheiden van de vrouwen en kinderen. Krijgsgevangenen worden over heel Zuidoost-Azië verspreid om er voor de Japanners te werken, bijvoorbeeld bij de aanleg van spoorwegen. Maar er leven ook (Indische) Nederlanders buiten de kampen, zoals blijkt uit deze foto uit april 1944 van een kindercrèche bij een werkplaats van Indische Nederlanders in Soerabaja. Soms worden ze op een later tijdstip alsnog gevangen gezet. Hun positie is zeer precair, zo wordt hun door de bezettingsautoriteiten steeds voorgehouden, en ze kunnen maar het beste meewerken met het Japanse Militaire Bestuur.

De tienduizenden soldaten van het in 1942 verslagen KNIL in de Japanse krijgsgevangenkampen worden na jarenlange ontberingen bevrijd, zoals deze broodmagere Nederlanders in Singapore. De Japanners koesteren diepe minachting voor een krijgsgevangene. Hij had zich op het slagveld moeten dood- vechten, is hun overtuiging. Het keizerrijk Japan acht zich dan ook niet gebonden aan de Conventie van Geneve en gaat zich bij de behandeling van de 65.000 KNIL- militairen te buiten aan moord, mishandeling, vernedering en het laten verrich- ten van dwangarbeid.

Een kamp voor geïnterneerde vrouwen en kinderen, gefotografeerd in augustus 1945. Vrijwel alle Europeanen in Indië worden tijdens de Japanse bezetting geïnterneerd. Eerst worden alle mannen tussen 17 en 60 jaar opgepakt, daarna de vrouwen en kinderen, alsmede de mannen ouder dan 60 jaar. Voor de internering worden kazernes gebruikt, maar ook 'beschermde' wijken. In 1943 is de gevangenneming voltooid. Aanvankelijk zijn de omstandigheden in de kampen nog redelijk. Vrouwen mogen inkopen doen, er zijn artsen en zelfs ziekenhuizen. Maar vanaf april 1943 wordt het regime strenger en al spoedig zorgen de slechte hygiënische en voedingsomstandigheden in de kampen voor ziekte en dood van een groot aantal geïnterneerden.

☐ BEELDBANK WO2 / NIOD

Vreugde om de Japanse capitulatie op 15 augustus 1945 in een kamp van vrouwen en kinderen. Nu zullen de oude tijden terugkeren, zo verwachten veel bewoners van de interneringskampen. Omdat ze jaren lang geïsoleerd zijn geweest, hebben ze geen idee van wat zich ondertussen buiten de kampen heeft afgespeeld. De vijandige houding die de Indonesische bevolking onder invloed van de Japanse bezetting ten opzichte van de Nederlanders heeft aangenomen, zullen zij echter spoedig ondervinden. De vreugde om de 'bevrijding' kan maar van korte duur zijn. De *bersiap* (letterlijk: weest paraat, in feite de nationalistische actie tegen de Europeanen) staat voor de deur.

Twee dagen na de Japanse capitulatie roept de nationalistische Indonesische leider Soekarno de onafhankelijkheid van de Republik Indonesia uit. Op die dag wordt deze foto van hem genomen na een overleg met Soetan Sjahrir, een nationalistische leider die een iets gematigder koers wil varen. De Nederlanders zijn door het initiatief van Soekarno volkomen verrast. Vooralsnog ontbreken uiteraard de middelen om er iets tegen te ondernemen. Soekarno grijpt het gezagsvacuüm na de Japanse capitulatie aan om een ideaal te realiseren waaraan hij al vanaf 1927 heeft gewerkt. In dat jaar had hij de PNI, de Partai Nasional Indonesia, opgericht. In de jaren '30 vond hij echter steevast het koloniaal gezag tegenover zich. Hij heeft in die tijd dan ook voornamelijk in ballingschap doorgebracht.

De laatste maanden van 1945 zijn voor de in Indonesië aanwezige Nederlanders en Indische Nederlanders een uiterst traumatische periode. Officieel hebben de nog aanwezige Japanse militairen de opdracht – van de Geallieerden – om de orde te bewaren, maar daar komt weinig van terecht. Britse troepen arriveren pas na enige tijd en Nederlandse soldaten laten nog veel langer op zich wachten. Als duidelijk wordt dat de pas uitgeroepen Republik Indonesia vanuit Nederland niet zal worden erkend, verwachten de Indonesiërs dat Nederland zich met geweld tegen haar zal keren. Hierop reageren zij zich af op Nederlanders en Indische Nederlanders, die het slachtoffer worden van wreedheden en moordpartijen. Britse soldaten proberen hen zo goed en zo kwaad in veiligheid te brengen. Hier worden zulke vluchtelingen vervoerd.

Soldaten van het KNIL fouilleren een jeugdige Indonesische strijder. De jongeren van Indonesië zijn tijdens de bezetting door de Japanners getraind om te vechten voor een vrij Indonesië. Het zijn dan ook ongecontroleerde benden van 'pemoeda's' (jongemannen) die – bewapend met messen en bamboesperen – de straten van Indonesische steden onveilig en het leven van Nederlanders, Indische Nederlanders en degenen van wie gedacht wordt dat zij met hen heulen, meer dan zuur maken. Ook de Republikeinse regering van Soekarno heeft geen enkele controle over deze terreurbenden. Hun activiteiten worden ook door de Republikeinse autoriteiten met lede ogen gezien, want zij doen de reputatie van de jonge Republiek in het buitenland geen goed.

Nederlanders en Indische Nederlanders die daartoe in deze chaotische perio-de de kans krijgen, proberen zich in veiligheid te brengen door scheep te gaan naar Nederland. Op de foto de aankomst van het stoomschip 'Almazore' in Nederland op 3 januari 1946 met 1900 vluchtelingen aan boord. Men spreekt van 'repatriëren' (teruggaan naar het vaderland), maar voor de meesten geldt dat ze in Indië geboren zijn en nog nooit iets anders van Nederland hebben gezien dan foto's en plaatjes in het prentenboek. Zij komen in een koude en vreemde wereld terecht, in een land bovendien dat het druk genoeg heeft met zichzelf, bezig als het is zich te herstellen van bezetting en oorlog. Op al te veel aandacht en sympa-thie hoeven de repatrianten dus niet te rekenen.

Met de president van de door Nederland niet erkende Republik Indonesia – Soekarno – wordt door de Nederlandse regering niet onderhandeld. Soekarno wordt beschouwd als een collaborateur en verrader, omdat hij tijdens de oorlog met de Japanners heeft samengewerkt. Dat hij dat gedaan heeft met het oog op de zelfstandigheid van zijn land, wordt daarbij veronachtzaamd. De Nederlandse regering ziet echter wel in dat praten met de Republiek nodig is. Daartoe worden andere, gematigde, Indonesische leiders naar het moederland uitgenodigd, waar een conferentie wordt belegd in het rustige afgelegen landhuis 'Jachtslot St. Hubertus' op de Hoge Veluwe. Maar de conferentie in april 1946 leidt niet tot resultaat. In de volgende maanden wordt opnieuw overlegd in de Indonesische plaatsen Malino en Linggadjati.

☐ NATIONAAL ARCHIEF, ANEFO, FOTO CHARLES BREIJER

De Indonesië-politiek van de regering, gericht op 'herstel van orde en rust', wordt in het parlement breed gesteund. De enige partij die voor de Indonesische nationalisten kiest is de Communistische Partij Nederland, een partij met een behoorlijke invloed (bij de eerste naoorlogse verkiezingen wint zij tien van de honderd Tweede Kamerzetels – in de huidige verhoudingen zouden dat er dus vijftien zijn). Andere voorstanders van de Indonesische onafhankelijkheid zijn de 'Vereniging Nederland-Indonesië' en de in het gebouw van *Vrij Nederland* gevestigde Perhimpunan Indonesia. De aanhangers van deze organisaties zijn op 1 mei te gast bij de viering op het hoofdstedelijke IJsclubterrein.

Tijdens de chaotische periode van eind 1945 en begin 1946 is een rit met de trein op Java een gevaarlijke aangelegenheid. Dat blijkt enige malen als treinen op weg van Bandoeng naar Batavia in Tjikampek worden aangehouden door radicale Indonesische jongeren (*pemuda's*), de Europeanen eruit gehaald worden en gevangen gezet of gedood. Een reiziger uit die tijd meldt: 'Alle perrons waar de trein langs kwam stonden volgepropt met met speren bewapende Javanen en overal donderde het *Merdeka* (= vrijheid) onder de stationskappen.' Controle over de spoorwegen is uiteraard van bijzonder belang voor het 'herstel van orde en rust'. Op de foto de eerste trein die weer volledig onder Nederlands gezag zijn reis aanvaardt.

☐ NATIONAAL ARCHIEF, ANEFO, FOTO NIGIS

I n het Javaanse bergdorp Linggadjati bereiken de Nederlandse regering en de
Indonesische Republiek een politiek akkoord. Op de foto de onderhandelaars
aan de maaltijd, van rechts naar links Mohammed Hatta (namens Indonesië), Lord
Killearn (de Britse bemiddelaar) en ir. Willem Schermerhorn (namens Nederland).
Ook Soetan Sjahrir en zelfs Soekarno zijn bij deze onderhandeling aanwezig.
Nederland belooft het gezag van Indonesië over Java, Madura en Sumatra te
erkennen. De Republiek zal één van de deelstaten worden van de op te richten Verenigde Staten van Indonesië, die met Nederland een Unie zullen vormen, waarvan
de Nederlandse koningin het hoofd zal zijn. Het akkoord wordt in de Nederlandse
Tweede Kamer zodanig uitgelegd dat Indonesië dat niet kan accepteren. Daarom
zegt de Nederlandse regering op 20 juli 1947 de overeenkomst op en grijpt in met
militair geweld.

Terwijl de politiek onderhandelt, proberen Nederlandse en KNIL-militairen in de – relatief kleine – gebieden die onder Nederlandse controle staan de orde te handhaven. Op de foto Nederlandse soldaten actief in mei 1947 bij het controleren van een Indonesiër die met goederen op weg is. Iedere onschuldig ogende burger kan immers gemakkelijk een handlanger van 'terroristen' zijn. Het Nederlandse leger, dat in november 1946 de militaire macht van de Britten heeft overgenomen, wordt geconfronteerd met talloze bestandsschendingen. De militairen zijn grote voorstanders van actie en hechten weinig waarde aan het akkoord van Linggadjati.

Het is in de tijd van de koloniale oorlog in de Nederlandse havens een komen en gaan van Nederlandse en Nederlands-Indische militairen. Troepentransportschepen met duizenden militairen gaan richting de Oost en keren terug met repatrianten, zoals hier de 'Indrapoera' in Rotterdam op 28 juni 1947. Aan boord bevinden zich 293 evacués, 149 mariniers en 121 leden van de landmacht. Bovendien reist een groep van 450 Duitsers, Oostenrijkers en Hongaren mee, die terugkeren naar hun vaderland. De 'Indrapoera' van de Koninklijke Rotterdamsche Lloyd voer vanaf 1926 talloze malen tussen Nederland en Nederlands-Indië.

N a het opzeggen van het akkoord van Linggadjati door Nederland en het begin van de grootschalige militaire ingreep die bekend staat als de 'eerste politionele actie' (20 juli-5 augustus 1947) barst een hevige strijd los. De Nederlanders krijgen niet te maken met een geregeld leger, maar eerder met een guerrilla-oorlog door vrijheidsstrijders, zoals we ze hier op de foto in actie zien. Tegen het veel beter uitgeruste Nederlandse leger zijn ze niet opgewassen, maar de Nederlanders zijn toch maar ten dele in staat in een overwegend vijandig gezinde omgeving hun gezag op te leggen. Belangrijkste doel van de politionele actie is om de gebieden met waardevolle grondstoffen in handen te krijgen en de republikeinse regering te vervangen door een van gematigde nationalisten.

□ SPAARNESTAD PHOTO

Twee dagen na het begin van de eerste grote militaire ingreep, op 22 juli 1947, organiseren de communisten in Nederland een anti-oorlogsdemonstratie. De bijeenkomst vindt plaats in de oude RAI in Amsterdam. De teksten op de borden spreken duidelijke taal: Nederland moet stoppen met het geweld. De levens van Nederlandse soldaten moeten worden gespaard. De CPN is de enige politieke partij in Nederland die zich geheel tegen de koloniale oorlog opstelt en streeft naar solidariteit met het Indonesische volk. Zij steunt dienstweigeraars. Daarmee plaatst de partij zich in een politiek isolement.

Na het begin van de eerste politionele actie op 20 juli 1947 is het zaak de Republikeinse regering van alle kanten in het nauw te brengen. Daartoe voeren Nederlandse troepen landingen uit op de kusten van Java in het Republikeinse gebied. Op de foto de troepen in opmars na een landing in Pasir Putih in het oosten van Java, uitgevoerd op 31 juli 1947. Daarmee zijn ze op zo'n duizend kilometer van Batavia actief. De 'operatie product', de codenaam die de actie meekrijgt, heeft ook een ander belangrijk doel: Nederlandse ondernemingen en vindplaatsen van grondstoffen weer onder Nederlands gezag brengen. De opbrengsten ervan zijn bitter nodig voor de schatkist, waarvan de bodem in zicht is.

Onder druk van de internationale politiek moeten de Nederlanders op 5 augustus 1947 hun militaire acties stopzetten. Het doel – het onderwerpen van het gehele republikeinse gebied – is dan nog lang niet bereikt. Nu de wapens zwijgen, is het tijd voor de propagandaoorlog. De gebieden die van de 'terreur' van de Indonesische Republiek zijn 'bevrijd', halen opgelucht adem, zo luidt de boodschap die Nederland de wereld in zendt. Foto's als deze, waarop Nederlandse mariniers zich verbroederen met breed glimlachende inlanders, kunnen dienen om deze boodschap te onderstrepen. Het is 12 augustus 1947, een week na de stopzetting van de eerste politionele actie.

K oninginnedag in het Friese Tietjerk op 31 augustus 1947. Een groep Indische Nederlanders geeft uiting aan zijn aanhankelijkheid aan het Nederlandse koningshuis. De foto zou in Indonesië gemaakt kunnen zijn, zo Indisch is het tafereel. Maar deze mensen behoren tot de naar het moederland gerepatrieerden en dus tot degenen die in Indonesië aan de kant van het Nederlandse gezag hebben gestaan. Direct na het uitroepen van de Republik Indonesia in 1945 werden volbloed-Nederlanders (*totoks*) en Indo-Europeanen geconfronteerd met wraakacties van nationalisten. Velen kiezen er dan ook voor te vertrekken naar Nederland, sommigen om weer op verhaal te komen, anderen voorgoed.

☐ NATIONAAL ARCHIEF, ANEFO, FOTO RVD

Persconferentie van luitenant gouverneur-generaal H.J. van Mook op 3 september 1947. Na het ontslag van Tjarda van Starkenborgh Stachouwer op 17 oktober 1945 leidt hij feitelijk de Nederlands-Indische regering. Van Mook wil een federatieve republiek in Indonesië, waarvan de Republik Indonesia van Soekarno en Hatta één van de deelstaten zal vormen. De zelfstandige federatieve republiek zal in een gemenebest met Nederland verbonden blijven. Van Mook, zelf in Indonesië geboren en opgegroeid en diepgaand met zijn geboorteland verbonden, is een taai en vindingrijk onderhandelaar. Hij komt enkele malen dichtbij het realiseren van zijn doel, maar de vele tegengestelde belangen en de internationale politiek verhinderen tenslotte dat er iets van terecht komt.

Vertrek van de marineschepen Pieter Florisz en Abraham van der Hulst naar Indië op 15 september 1947. Nog een laatste gelegenheid voor een foto. De achterblijvende familieleden, verloofden en echtgenotes moeten maar hopen dat de mannen het er levend af zullen brengen. De reis naar Batavia duurt bijna twee maanden. Op 9 november komen de schepen op hun bestemming aan. Beide marineschepen waren tijdens de oorlogsjaren als mijnenvegers actief geweest. Van 1947 tot 1950 worden ze in Nederlands-Indië ingezet als patrouillevaartuigen.

☐ NATIONAAL ARCHIEF, ANEFO, FOTO HARRY SAGERS

Er zijn Nederlanders die het optreden van de rooms-rode regering Beel tegen de Indonesische Republiek veel te slap vinden. Onderhandelingen zoals die op de Hoge Veluwe, in Malino en Linggadjati vinden zij ontoelaatbaar. Alleen het met geweld opleggen van het Nederlandse gezag is volgens hen de juiste weg. Tot deze groep behoort de antirevolutionaire politicus P.S. Gerbrandy, die in Londen het oorlogskabinet geleid heeft tijdens de oorlogsjaren. Hij wordt voorzitter van het rechts-conservatieve Comité Handhaving Rijkseenheid, dat met buitenparlementaire acties de regering tot krachtdadiger handelen wil bewegen. Op de foto een demonstratieve bijeenkomst georganiseerd door dit Comité in de zalen van de Dierentuin in de Hofstad.

'**S**oldaat overzee', verdiept in (vermoedelijk) een brief van het thuisfront. Het is maart 1948, midden in het jaar van de impasse tussen de eerste en de tweede politionele actie. De Republiek streeft naar een onafhankelijke eenheidsstaat onder haar leiding, Nederland gaat door met het oprichten van deelstaten in de gebieden die onder zijn controle staan, beoogde leden van de toekomstige federatie Indonesië. Ondertussen worden troepen verscheept die later een tweede grootschalig militair ingrijpen mogelijk zullen maken.

☐ NATIONAAL ARCHIEF, ANEFO, FOTO WINTENHOFF

In december 1948 en januari 1949 grijpt Nederland nog één keer in met harde hand. Hier zien we de militairen op weg in het Indonesische binnenland. Tijdens deze tweede 'politionele actie' wordt het gehele nog resterende gebied van de Indonesische Republiek bezet en worden Soekarno en Hatta gevangen genomen. Toch is dit maar een schijnsucces. De internationale verontwaardiging is groot. De Veiligheidsraad van de Verenigde Naties dwingt Nederland tot beëindiging van de acties en de Verenigde Staten dreigen met stopzetting van de Marshallhulp als Nederland zich niet snel wat toeschietelijker toont ten opzichte van de Indonesiërs. Het resultaat is de soevereiniteitsoverdracht die in 1949 zijn beslag krijgt.

1949

Prapat | 9 februari

Tijdens de tweede politionele actie neemt Nederland de leiders van de Indonesische regering in Yogjarkarta gevangen. Zij hebben ervoor gekozen niet op de vlucht te slaan, maar de komst van de Nederlandse troepen waardig af te wachten. Op de foto staan Soekarno en minister van Buitenlandse Zaken Hadji Agoes Salim, die na hun gevangenneming worden geïnterneerd in Prapat op Noord-Sumatra. Zij verblijven in een bungalow die de Deli Maatschappij had gebouwd en gebruikte als doorreisverblijf. Deze maatschappij was in 1869 opgericht om gronden op Sumatra te ontginnen en te bebouwen en vervolgens de producten te verkopen.

☐ NATIONAAL ARCHIEF, ANEFO, FOTO RVD

In maart 1949 worden deze militairen nog op pad gestuurd naar Indonesië vanuit hun legerplaats in Amersfoort. Ouders, echtgenotes en verloofden nemen
afscheid. Amersfoort was vanouds een echte legerplaats, met een Infanterieka-
zerne aan de Leusderweg, een Cavaleriekazerne aan de Heiligenbergerweg en de
Bernhardkazerne aan de Barchman Wuytierslaan. Van werkelijke militaire actie
kan echter geen sprake meer zijn. Korte tijd later wordt Tony Lovink door de Nederlandse regering als Hoge Vertegenwoordiger van de Kroon (een soort landvoogd)
naar Indonesië gestuurd om de soevereiniteitsoverdracht te regelen.

O p 19 mei 1949 vertrekt een KLM-vliegtuig van Schiphol voor de eerste recht- streekse vlucht van Amsterdam naar Paramaribo. Met het verlies van de kolonie in de Oost in het verschiet, nemen de rijksdelen in de West in gewicht toe. Verbindingen, zowel met Oost als West, worden doorgaans over zee onderhou- den. Met Indië bestaat een luchtverbinding met een behoorlijk aantal tussenlan- dingen, maar de meeste 'gewone' passagiers (en de grote troepentransporten in de jaren '40) gaan met zeeschepen. Op de route naar de West zijn uiteraard geen tussenlandingen mogelijk.

☐ NATIONAAL ARCHIEF, ANEFO, FOTO BEN MERK

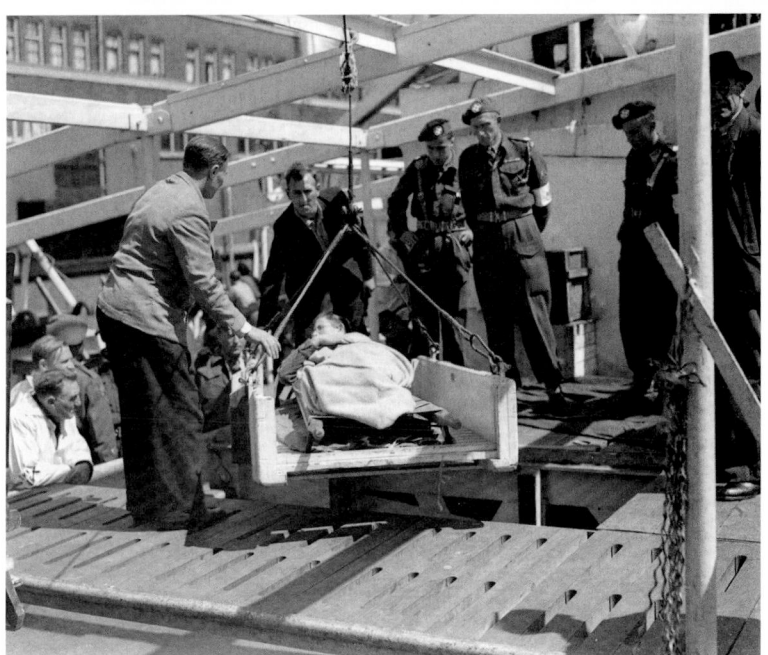

Het laat zich raden dat in de strijd in Indonesië een behoorlijk aantal Nederlandse doden en gewonden te betreuren zijn. Ook voor de gewonden is een lange zeereis terug naar het vaderland de enige optie. Hier zien we de ontscheping van gewonden in Amsterdam op 11 juni 1949. De politionele acties kosten 2479 Nederlandse militairen het leven en 2106 mannen overlijden door ziekte of een ongeval. De verliezen aan Indonesische zijde zijn niet exact bekend, maar ongetwijfeld hoog. Nederlandse bronnen spreken van 50.000 doden, Indonesische van 150.000 gesneuvelden.

Het conflict in Indonesië trekt uiteraard grote internationale belangstelling en staat hoog op de agenda van de Veiligheidsraad van de Verenigde Naties die op 24 oktober 1945 met zijn werkzaamheden begonnen was. De Veiligheidsraad maakt een eind aan zowel de eerste als de tweede politionele actie. Ook de Verenigde Staten oefenen grote druk uit op Nederland om zijn koers te wijzigen. Op 29 december 1948 bericht de Nederlandse vertegenwoordiger in de Veiligheidsraad, J.H. van Roijen, dat Nederland de betreffende resolutie zal uitvoeren. Op de foto een aantal Amerikaanse journalisten op doorreis naar Indonesië, tijdens een tussenlanding op Schiphol op 15 juni 1949.

Op 27 december 1949 wordt na maanden van onderhandeling eindelijk de soevereiniteit overgedragen aan een onafhankelijk Indonesië. Hier ondertekent koningin Juliana de verklaring van soevereiniteitsoverdracht in het paleis op de Dam in Amsterdam. Aan haar linkerzijde minister-president Willem Drees, aan haar rechterzijde Mohammed Hatta die de regering van Indonesië vertegenwoordigt. Nederlands Nieuw-Guinea wordt buiten de soevereiniteitsoverdracht gehouden omdat de regering bang is anders niet de vereiste tweederde meerderheid voor een grondwetswijziging in de Tweede Kamer te kunnen krijgen. Er zijn nog steeds velen die vinden dat men veel te toegeeflijk is geweest.

NATIONAAL ARCHIEF, RIJKSVOORLICHTINGSDIENST, NFP □

CAREL BRENDEL

Feesten en partijen

Het is niet alleen maar kommer en kwel in de jaren '40. Er is ook tijd voor ontspanning en – als het maar even kan – voor feesten en partijen. Want verjaardagen worden gevierd, film of theater wordt bezocht, Ajax speelt tegen Feyenoord en zondags gaat men met het gezin op stap in de vrije natuur. Na de uitbundige bevrijdingsfeesten gaan de Nederlanders weer massaal naar de bioscoop en dansen zij alle spanningen van zich af. Dit hoofdstuk geeft een beeld van het dagelijks leven: thuis, op school, in de kerk, familiegebeurtenissen, Sinterklaas, vrijetijdsbesteding, straatleven.

T erwijl Finnen en Russen ver weg in het hoge noorden in de zeer strenge vrieskou hun 'winteroorlog' voeren, geniet het neutrale Nederland van een ouderwetse winter met veel sneeuw, die zelfs langdurig tot in de kuststrook blijft liggen. Nederlanders trekken er massaal op uit, alsof het de laatste kans is nog één keer van de winterpret te genieten. Ze skiën in de duinen bij Wassenaar (foto) en laten zich op de ski voorttrekken door auto's en paarden. Sleetje rijden, ijszeilen, schaatsen of per arrenslee over het ijs glijden, alles heeft deze strenge winter te bieden, zelfs een Elfstedentocht in Friesland.

N a de capitulatie breken enkele onwezenlijke weken aan voor de Nederlandse burgers. De Duitse soldaten, een maand eerder nog de grote vijand, worden een vertrouwd onderdeel van het straatbeeld. De meedogenloze krijgers van de Grebbeberg ontpoppen zich als vriendelijke toeristen, die graag een dagje Amsterdam in hun reisprogramma opnemen. Op het programma staan de onontkoombare rondvaarttocht door de grachten en natuurlijk ook een bezoekje aan de dierentuin Artis. In die eerste periode wil de bezetter nog doen geloven dat Duitsland het allerbeste voor heeft met het Germaanse broedervolk. De jodenvervolging, de plunderingen, de dwangarbeid en de Hongerwinter liggen nog ver achter de horizon.

☐ SPAARNESTAD PHOTO

De Duitse militairen voeren geen oorlog, maar vieren een soort militaire vakantie. Die indruk krijg je uit de foto's die soldaten laten maken voor het thuisfront. Op het strand van Scheveningen is ezeltje rijden een attractie. Dan geloven de Duitsers nog dat ze weldra hun laatste vijand van dat moment, Groot-Brittannië, zullen verslaan. In 1942 verandert het aanzien van Scheveningen door het besluit een verdedigingslinie te bouwen. Het vissersdorp wordt gesloopt om plaats te maken voor de bunkers en versperringen van de *Atlantikwall*. Scheveningen geniet echter een blijvende populariteit onder de Duitsers. Met het *Wirtschaftswunder* van de jaren '50 zullen de toeristen terugkeren, niet meer om ezeltje te rijden of bunkers te bouwen, maar om strandkuilen te graven (als een nieuw soort 'landjepik').

Na de machtsovername door Hitler in 1933 verbiedt de Nederlandse overheid alle activiteiten van de buitenlandorganisatie van de Nationaal-Socialistische Duitse Arbeiderspartij (NSDAP). De Duitse nazi's in ons land gaan onder een andere naam verder. De *Reichsdeutsche Gemeinschaft* heeft echter weinig aanhang onder de hier wonende Duitsers. Slechts 3000 Rijksduitsers zijn lid. De meeste van hen lopen niet over van ijver en enthousiasme voor het nationaalsocialisme. Wel is een kleine kern zeer actief bij het bespioneren van het Nederlandse leger. Na de capitulatie kunnen de Duitse nazi's uit de kast komen. Op een feestavond van de afdeling Amsterdam van de NSDAP vermaken zij zich kostelijk met een ouderwetse stoelendans.

□ BEELDBANK WO2 / NIOD, FOTO STAPF BILDERDIENST

Het nationaal-socialisme moet niets hebben van jazzmuziek. In het begin blijven artiesten nog ongemoeid, maar in 1942 vaardigt het departement van Volksvoorlichting en Kunsten een verbod uit van 'negroïde en negritische elementen in dans- en amusementsmuziek'. Op de inval in Rusland in 1941 volgt een dansverbod. Amerikaanse muziek mag niet meer na Pearl Harbor (december 1941), als Duitsland de oorlog verklaart aan de Verenigde Staten. The Ramblers kiezen een nieuwe naam: Het orkest van Theo Uden Masman. De musici leggen zich toe op swing, argwanend gevolgd door het gezag, dat niets moet hebben van jazzinvloeden. Een half jaar na de capitulatie kan het publiek overigens nog genieten van 'ontaarde jazz' in de Savoy Bar in de Amstelstraat vlakbij het hoofdstedelijke Rembrandtplein.

Bokje springen is een onderdeel van de opleiding tot chauffeur, die WA-mannen volgen in een kamp van het *Nationalsozialistisches Kraftfahrkorps* (NSKK). Dit chauffeurscorps is begonnen als een afdeling van de nazi-partij NSDAP. Na het uitbreken van de Tweede Wereldoorlog worden de vrachtrijders vooral ingezet voor de bevoorrading van de *Wehrmacht*. Na de inval in Rusland doet de *Wehrmacht* ook een beroep op Nederlandse vrijwilligers. Wie niet door de keuring voor de *Waffen-SS* komt, kan nog altijd als chauffeur bijdragen aan de strijd tegen het bolsjewisme. Ongeveer 10.000 Nederlanders melden zich aan voor het NSKK. Een flink deel van deze bokspringende weermannen zal sneuvelen of in krijgsgevangenschap raken aan het Oostfront.

☐ BEELDBANK WO2 / NIOD, FOTO STAPF BILDERDIENST

De autoscooter doet in 1927 zijn intrede in de kermiswereld. Weldra zijn de botsautootjes de belangrijkste attractie op de kermis. Elke rechtgeaarde badplaats probeert toeristen te trekken met autoscooters op het strand. Scheveningen is daarop geen uitzondering, zoals blijkt uit deze opname. De zomer van 1941 biedt de laatste mogelijkheid voor een dergelijk strandvermaak. Het jaar daarop wordt de badplaats *Sperrgebiet*. Hotels en huizen maken plaats voor bunkers en tankgrachten. De Pier raakt in 1943 zwaar beschadigd door een brand. De Duitsers slopen de restanten uit angst dat de Engelsen deze als bruggenhoofd gebruiken bij een mogelijke invasie. Pas na de Bevrijding kunnen de Nederlanders weer de zee in.

De bokssport staat voor de oorlog in laag aanzien. In veel gemeenten zijn wedstrijden zelfs verboden. Dat verandert met de Bezetting. *Führer* Adolf Hitler heeft in *Mein Kampf* al gewezen op het nut van de bokssport. De NSB pleit er voor bokslessen verplicht te stellen op de scholen. Zover komt het niet, maar onder Duitse druk worden wel alle gemeentelijke verboden van tafel geveegd. De belangstelling voor de 'edele pugilistiek' neemt door dat alles sterk toe. Bezorgdheid van de slechte invloed van het vuistvechten op de tere kinderziel is er niet meer. Integendeel. Kinderen worden juist aangemoedigd om naar bokswedstrijden te gaan, zoals bij dit evenement in het Olympisch Stadion, waar Duitse beroepsboksers de krachten meten.

☐ BEELDBANK WO2 / NIOD

Ongeremd genieten in de zweefmolen (foto), griezelen in een overdekt trein-tje in de draaimolen, met behulp van een hengel een ring over een flessen-hals zien te krijgen. Dat zijn enkele attracties op de kermis van Zaandam, die in het tweede bezettingsjaar op veel belangstelling mag rekenen. Het onschuldige ver-tier gaat door tot halverwege de oorlog. In het voorjaar van 1943 kondigen de autoriteiten een verbod af op 'luxe beroepen', zoals de detailhandel in bont, luxe kleding en muziekinstrumenten. Ook de kermisklanten vallen onder deze veror-dening. De 'luxe' werkkrachten zijn nodig voor de arbeidsinzet in Duitsland. Veel winkeliers omzeilen het verbod door hun zaak een andere naam te geven, maar dat gaat niet zo eenvoudig in de zeer opvallende kermisbranche.

Oorlog of geen oorlog, de oudste bedrijfstak ter wereld draait door. Zo ziet de rosse buurt van Amsterdam eruit aan het begin van de oorlog. De verlichte ramen van de Oudezijds Voorburgwal kennen nog niet het hedendaagse massatoerisme. De prostitutie krijgt een stevige impuls door de aanwezigheid van de Duitse soldaten. Dit alles tot groot verdriet van hun superieuren die als de dood zijn voor verspreiding van geslachtsziekten. Om dit te voorkomen houdt de Duitse politie razzia's onder vrouwen in bepaalde verdachte cafés. Als een besmette vrouw drie keer is aangehouden, wordt ze wegens 'sabotage' naar een concentratiekamp gestuurd. Om het probleem onder controle te krijgen richt de *Wehrmacht* in 1943 eigen bordelen op, de zogeheten *Puffs*.

L ekker naar buiten op de fietstandem met zelf geknutselde zijspan. Dit Nederlandse gezin speelt inventief in op de toenemende brandstofschaarste, die het autoverkeer nagenoeg heeft stilgelegd. In de zomer van 1941 is er alle reden om de koelte buiten de stad op te zoeken. In juni en juli zijn er twee langdurige hittegolven. In juli stijgt de temperatuur zelfs op zeven achtereenvolgende dagen tot tropische waarden boven de dertig graden. De mensen zoeken daarom massaal verkoeling in zwembaden en waterplassen. De ontketende titanenstrijd tussen de legers van nazi-Duitsland en de Sovjet-Unie is heel ver weg voor de recreërende Nederlanders.

Deze twee bordjes gaan meestal samen: 'Joden niet gewenscht' en 'Für Wehrmacht geeignet'. De Duitse militaire leiding ziet niet graag dat de manschappen tijdens hun uitgaansavondjes in aanraking komen met joodse Nederlanders. De anti-joodse bordjes verschijnen in 1941 steeds vaker in cafés, restaurants en bioscopen. In Amsterdam oefent de WA, de Weerafdeling van de NSB, grote pressie uit op caféhouders. Het weren van joden uit openbare gelegenheden is een eerste stap in het Duitse streven om deze bevolkingsgroep te isoleren van de andere Nederlanders. In de bioscopen draait in deze tijd de Duitse film *Vorstentragedie* met in de hoofdrol de Zweedse actrice Zarah Leander, de grote ster van de filmindustrie in nazi-Duitsland.

*H*itlerjunge Quex ('kwikzilver') is in 1933 de eerste nazi-propagandafilm, die wordt gedraaid onder de supervisie van propagandaminister Joseph Goebbels. De film gaat over een jongen uit een communistisch gezin. Hij krijgt schoon genoeg van het 'ontaarde' gedrag binnen de communistische jeugdbeweging en loopt over naar de *Hitlerjugend*, waar hij op kwikzilverachtige wijze de communisten in de wielen rijdt. Tenslotte sterft Quex als martelaar voor het nationaal-socialisme. Het thema van het opofferingsgezinde kind, dat zich keert tegen de foute instelling van zijn ouders, blijkt een effectief propagandamiddel. De Nieuwe Orde brengt met zich mee dat ook in de Nederlandse bioscopen films als *Hitlerjunge Quex* en de antisemitische film *Der ewige Jude* gaan draaien.

Deze gezellige familiefoto wordt door buurtfotograaf Willem Streefkerk genomen ter gelegenheid van het huwelijk van de verloskundige Petronella Epker met J.H. Daleboudt (achter de tafel). Een van de bruiloftsgasten is Bram Fros (staande, vierde van links), verbindingsofficier van de illegale organisatie Orde-dienst (OD). Vier maanden na het onschuldige familiefeestje wordt Fros aange-houden wegens verzetsactiviteiten. Hij zit gevangen in Scheveningen en in de kampen Amersfoort en Vught. In april 1944 komt hij onverwacht vrij. Fros stort zich opnieuw in het illegale werk, maar valt in handen van de Landwacht in Zwol-le. Kort voor de bevrijding van die stad wordt hij door de Duitsers geëxecuteerd. De verzetsman laat een weduwe en vijf kinderen achter.

☐ BEELDBANK WO2 / NIOD, FOTO WILLEM STREEFKERK

Verkleden met een kroon is er halverwege de oorlog niet bij voor deze kinderen, die op de avond van Driekoningen met hun lampionnetjes langs de deuren gaan. De van oorsprong Germaanse traditie houdt ook tijdens de Duitse bezetting stand. In ruil voor hun liedjes krijgen de kinderen snoep, eten en drank. Op diezelfde zesde januari 1943 schrijft de doodzieke dichter Jan Campert zijn laatste kaart naar huis vanuit het concentratiekamp Neuengamme. Twee dagen later weigert de Duitse generaal Friedrich von Paulus zich over te geven in de Slag om Stalingrad. In de weken daarna wordt zijn Zesde Leger vernietigd. Dat is het grote keerpunt in de Tweede Wereldoorlog, waarvan deze kinderen waarschijnlijk geen weet hebben.

Meer dan 100.000 Nederlandse vrouwen knopen tijdens de Bezetting een relatie aan met een Duitse militair. De redenen zijn uiteenlopend, van oprechte verliefdheid tot puur winstbejag. Zeker niet alle 'moffenmeiden' zijn afkomstig uit een NSB-milieu. Veel relaties komen voort uit ontmoetingen op dansavonden of tijdens recreatie in het stadspark. Een kleine groep 'moffen-hoeren' zit in de prostitutie. Tijdens de Hongerwinter bezwijken meisjes voor voedselproducten of bonkaarten. De wraak van de omstanders komt na de bevrijding. Nederlanders, die zich vijf jaar muisstil hebben gehouden, gaan na 5 mei 1945 alsnog in het verzet door 'moffenmeiden' kaal te knippen en te vernederen.

E en jaar na de Duitse inval, in april 1941 ziet de Haagse accordeonvereniging Grandioso con anima het levenslicht. Al snel is er een jeugdorkest, op de foto gezet door Willem Streefkerk, buurtfotograaf in de Schildersbuurt. Het muziekleven bloeit op tijdens de bezetting, maar dat verandert door de oprichting van de Nederlandsche Kultuurkamer. Muziekverenigingen worden verplicht zich aan te sluiten bij het Muziekgilde van de Kultuurkamer. Voor het repertoire is goedkeuring nodig, waarbij het gilde bij het uitgeven van de 'stijlvergunning' oplet of de muziek niet te Anglo-Amerikaans is. De bemoeienis van de nazi's leidt soms tot interne ruzies binnen de muziekclubs. In hoeverre Grandioso con anima hieronder te lijden heeft gehad, is niet bekend. De accordeonvereniging bestaat nog steeds.

Even geen verzetswerk. Oud en nieuw, tijd om te feesten. Op dit vrolijke feestje in een Amsterdams woonhuis gaan illegale werkers vrolijk het jaar 1945 in. Ze weten vrijwel zeker dat dit het laatste ondergrondse nieuwjaarsfeest zal zijn. Er is natuurlijk geen muziek, maar aan drank is kennelijk geen gebrek. Dergelijke feest-jes zijn een uitlaatklep voor de spanningen van het illegale werk, want – zo beseft iedereen – elke dag kan de laatste zijn. Immers, in het laatste oorlogsjaar maken de Duitsers en hun Nederlandse handlangers fanatiek jacht op verzetsmensen. Een andere feestbevorderende factor is de gehate Sperrtijd. Vrienden op bezoek moeten of vroeg naar huis, of de hele nacht overblijven. In het tweede geval kan het nog wel eens gezellig worden.

☐ BEELDBANK WO2 / NIOD

Uitzinnige en massale dansvreugde heerst er op een groot bevrijdingsfeest op de Oude Markt in Enschede. De oostelijke textielstad is op paaszondag 1 april bevrijd door het Tweede Britse Leger. De overwinning kan echter pas echt worden gevierd na de Duitse capitulatie. De militaire bevrijders vallen bijzonder in de smaak als danspartners. Alleen 'nette vrouwen' – die het niet hebben aangelegd met 'de moffen' – zijn welkom op deze feesten. In de praktijk loopt het vaak anders. De 'nette meisjes' wekken niet echt de interesse van de geallieerde solda-ten, terwijl de 'foute meisjes' net zo goed gevoelig blijken voor de avances van Canadese en Britse militairen.

*T*rees heeft een Canadees is de grote radiohit in de zomer van 1945. In de eerste maanden na de Bevrijding blijven de Canadese troepen in Nederland hangen. Hun aanwezigheid maakt in één klap een einde aan het tekort aan sigaretten. De stoere soldaten hebben een gouden tijd, want ze vallen in de smaak bij de meisjes. De autoriteiten zijn bezorgd. *Het Vrije Volk* schrijft: 'De wrange werkelijkheid is dat een groot deel der Nederlandse meisjes is ingeschakeld bij de voorziening in de geslachtsbehoeften der militairen.' In 1946 worden er 7000 onwettige kinderen geboren. De ongehuwde moeders staan er alleen voor. Veel van deze kinderen hebben nooit hun Canadese vader gekend, of ontmoeten hem pas na tientallen jaren.

Koekhappen, zaklopen, snelheidsraces op drie omgekeerde bloempotten (foto) zijn enkele van de traditionele 'oud-Hollandse spelletjes', waarmee kinderen zich in steden en dorpen mogen vermaken in de zomer van 1945. Na het zuur van de Hongerwinter is er eindelijk het zoet van de Bevrijding. In die eerste zomervakantie na het vertrek van de Duitsers lijkt er geen einde te komen aan de feesten en partijen. Een voorbeeld is het Noord-Hollandse dorp Schellinkhout, waar in augustus 1945 drie dagen achtereen feest wordt gevierd. Het programma: Zaterdag, kinderfeesten en gekostumeerd bal. Zondag, optocht van de gym met fanfarekorps uit Wijdenes, gymdemonstratie, 's avonds bal. Maandag, gekostumeerde voetbalwedstrijd, volksspelen, bonte avond.

De Volendammers weten hoe ze hun bevrijding moeten vieren, met een groot feest waarbij alle dorpelingen zijn betrokken. De inwoners van het vissersdorp steken zich bij deze gelegenheid massaal in klederdracht. Achter de Dijk zijn de kermisattracties terug van weggeweest. Bijna alle huizen zijn versierd met vlaggetjes en linten. Op straat staan erebogen met leuzen als 'Vrijheid' en 'Victorie'. De Volendammers betuigen tevens hun dankbaarheid aan de Zweedse bevolking, die in februari 1945 per binnenschip meel heeft gestuurd naar Neder-land, de grondstof voor het geurige en knapperige Zweedse wittebrood. Net als overal in Nederland vormen danspartijen op straat een vast onderdeel van de bevrijdingsfeesten.

Een vast onderdeel van alle bevrijdingsfeesten zijn de kinderoptochten. De Volendammer jeugd – ook zij loopt in klederdracht – slaat op trommels, die zijn gemaakt van lege Engelse biscuitblikken. Naarmate de zomer vordert, beginnen de Nederlandse autoriteiten, zowel de overheid als de geestelijkheid, overigens genoeg te krijgen van het gefeest. De losgeslagen jeugd, die tijdens de Hongerwinter leerde hoe je moet spijbelen, stelen en zwarthandelen, moet terug in het gareel. Met een zucht van opluchting begroeten veel ouders daarom het einde van de zomervakantie. In de klas leren de kinderen weer iets van discipline en kunnen ze de opgelopen achterstanden in het onderwijs proberen in te halen.

NATIONAAL ARCHIEF, ANEFO, FOTO EMMY ANDRIESSE □

Het City Theater aan het Leidseplein is een populaire bioscoop. De pauzes tussen de filmvoorstellingen worden opgevuld met orgelspel. De Franse chansonnière Lucienne Bouer treedt er op in de dagen van de bevrijding, net als een Russisch folklore-orkest. Verder zijn er druk bezochte dansavonden in de foyer. De tomeloze danslust van de Nederlandse jongelui veroorzaakt een 'morele paniek'. De kerken beginnen een offensief tegen de verwildering van de jeugd, die zich onder meer uit in de losse relaties tussen Nederlandse meisjes en Canadese soldaten. De Canadezen zijn in april 1946 weer thuis, maar desondanks blijven pastoors en dominees zwaaien met het opgeheven vingertje. De overheid begint een tegenoffensief via het vormingswerk, dat jongeren moet afhouden van criminaliteit en zedeloos vertier.

☐ NATIONAAL ARCHIEF, ANEFO, FOTO KOOS RAUCAMP

De eerste jeugdherbergen zijn begin twintigste eeuw ontstaan in Duitsland. Jongeren kunnen goedkoop onderdak krijgen, maar moeten in ruil daarvoor wel karweitjes doen als aardappels pitten en vloeren vegen. De jeugdherberg-vader en -moeder zien toe op de juiste uitvoering van de corveetjes. Ze handhaven tevens een strenge discipline onder het eten en houden 's nachts de orde in de (uiteraard naar geslacht gescheiden) slaapzalen. Het idee waait in 1929 over naar Nederland. Met het herwinnen van de vrijheid en de terugkeer van de luchtban-den kunnen jongeren in 1946 weer binnenlandse fietsvakanties houden. De jeugdherberg in Arnhem (foto) is een van de etappeplaatsen. Zestig jaar later ver-dwijnt het begrip jeugdherberg. De Nederlandse Jeugdherberg Centrale noemt zichzelf voortaan Stayokay.

VERZOEKE TIJDENS DE UITVOERING **STILTE**

Het verenigingsleven, verlost van het toezicht van de Nederlandsche Kultuur-kamer, beleeft een grote opbloei in de eerste naoorlogse jaren. Er worden nieuwe zangkoren opgericht met namen als 'Nieuw Leven'. Bestaande koren kunnen weer uit volle borst zingen, niet gehinderd door de honger of de Sperrtijd. Amerikaanse en vaderlandse liederen, vijf jaar lang verboden, staan weer op het programma. Dankzij het herstel van het openbaar vervoer en de terugkeer van de fiets zijn er weer mogelijkheden om regionale zangconcoursen te organiseren. Een in klederdracht gestoken dameskoor uit Spakenburg is een van de deelne-mende koren aan een groot zangevenement in Nijkerk.

Vierdaagse afstandsmarsen bestaan vanaf 1909 in Nederland. Na 1925 is Nijmegen het centrum van de wandelsport. In de crisisjaren neemt de populariteit snel toe. Nederlandse militairen met volle bepakking bepalen het beeld van de Nijmeegse Vierdaagse. Tijdens de Bezetting wordt het evenement verboden. Hoewel de Nijmeegse binnenstad op 22 februari 1944 volledig is verwoest door een Amerikaans bombardent, zet de stad alles op alles om de Vierdaagse in ere te herstellen. Dat lukt dankzij een geldinzameling onder de bevolking en de massale inzet van vrijwilligers. In juli 1946 gaan 4011 wandelaars (bijna net zo veel als in de laatste vooroorlogse edities) van start in Nijmegen. Majoor Breunese is opnieuw marsleider ondanks zijn intensieve bemoeienis in het eerste bezettingsjaar met de Nederlandse Opbouwdienst.

Het carnavalsfeest in Den Bosch in zijn huidige vorm stamt uit 1882. De Brabantse hoofdstad krijgt de bijnaam Oeteldonk. Burgerij en geestelijkheid blijven echter hun best doen om het ongeremde gedrag van de feestgangers in te perken. Dat laatste gebeurt tijdens de Eerste Wereldoorlog. Ook tijdens de Duitse bezetting is er geen carnaval in Den Bosch. Maar in 1945 wordt er al weer feestgevierd, terwijl het Noorden nog zucht onder het Duitse juk. *Have you smookie* is dan de veelzeggende carnavalshit. De eerste naoorlogse optocht vindt plaats in 1946. De overheid wil de stoet nog verbieden uit vrees voor 'stagnatie van de productie', maar wijkt voor de publieke opinie. Vanaf 1947 staat het Bossche carnaval niet meer ter discussie.

De strenge winter van 1947 is in de vorige eeuw alleen overtroffen door die van 1963. Op 8 februari is er een Elfstedentocht. Het vriest overdag 12 graden, er staat een snijdende wind die overgaat in een sneeuwstorm. De kou leidt tot een groot kolentekort. Als noodmaatregel staakt de overheid de leveranties aan bioscopen, dansgelegenheden en schouwburgen. Pas eind februari weet het belangrijkste theater van Amsterdam een partij brandstof op de kop te tikken, zodat plakkers de heropening van de verwarmde Stadsschouwburg kunnen proclameren. De toneeltempel is na de Bevrijding in bezit genomen door Tooneelgroep Vijf Mei 1945 van Albert van Dalsum, die tijdens de Bezetting heeft geweigerd om zich aan te sluiten bij de Kultuurkamer.

Wat het grote projectiescherm is in onze tijd, is het kastje van de radiodistributie in de jaren '40: de plek om gezamenlijk de wedstrijden van het Nederlands voetbalelftal te volgen. Deze bewoners van een bejaardenhuis luisteren naar het commentaar van Leo Pagano bij de interland Nederland-Zwitserland. Pagano is de naoorlogse opvolger van de legendarische voetbalcommentator Han Hollander, die is vermoord in het vernietigingskamp Sobibor. Nederland verslaat de Zwitsers met 6-2. Dat komt mooi uit want de componist en sneldichter Jan de Cler heeft speciaal voor deze gelegenheid het lied *Hup Holland Hup* gemaakt, bedoeld om de pauzes tussen het commentaar op te vullen en sindsdien niet meer weg te denken bij wedstrijden van Oranje.

☐ IISG, FOTO BEN VAN MEERENDONK

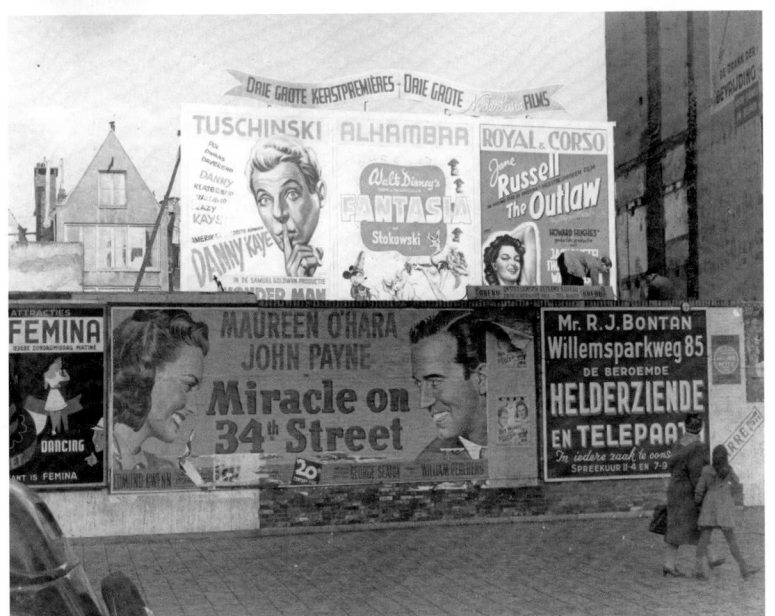

M*iracle on 34th Street* is een van de grote kerstfilms aan het eind van 1947. De romantische komedie gaat over een kerstman in een warenhuis in New York. Daarnaast dingen komiek en 'Wonder Man' Danny Kaye, *Fantasia* van Walt Disney en Jane Russell als *The Outlaw* naar de gunsten van het Amsterdamse bioscooppubliek. De eerste jaren na de oorlog zijn gouden jaren voor de bioscoopbranche. Het is afgelopen met de Duitse propaganda. Hollywood is nu de voornaamste filmbron. In 1946 trekken de filmzalen 88,7 miljoen bezoekers. In 1947 zijn dat er nog altijd 79,8 miljoen. Deze cijfers worden na de opkomst van de televisie, de video en de dvd nooit meer gehaald.

Alle moderne stijldansen staan op het programma bij danswedstrijden in Hotel Krasnapolsky in Amsterdam, vanouds een bolwerk van het ballroom dansen. Teams uit Amsterdam, Den Haag, Leiden, Haarlem en het Oosten houden een sportieve krachtmeting op de dansvloer. Het communistische volksdagblad *De Waarheid* maakt tussen de berichten uit de partij en het actienieuws uit de buurten en bedrijven enkele kolommen vrij voor dit evenement: 'Het lijkt ons dat zelfs geen kniesoor bezwaren kan hebben tegen de ongemeen gratievolle wijze waarop dansleraren uit geheel Nederland quicksteps, Engelse walsen of tango's dansten.' De twee ploegen uit Den Haag slepen de hoofdprijzen in de wacht.

☐ IISG, FOTO BEN VAN MEERENDONK

Het komt! Met die leus kondigt Circus Mikkenie zijn komst aan. Tussen 1948 en 1954 is dit het grootste circus van Nederland. Directeur Frans Mikkenie en zijn artiesten geven in mei 1948 hun premièrevoorstelling in Rotterdam. Het circus is een voortzetting van Circus Mikkenie-Strassburger, dat na de Bevrijding weer op pad gaat, hoewel veel circuswagens zijn beschadigd en paarden zijn geroofd. In september 1948 (foto) staat Mikkenie in Amsterdam. Aangeklede chimpansees vormen een komisch rumba-orkest, dompteur Gilbert Houcke staat als een Tarzan tussen de tijgers, Jacky Lupescu balanceert op het slappe koord. Havank schrijft in 1953 nog een pakkende detective over Circus Mikkenie. Een jaar later overlijdt Frans Mikkenie en komt er een einde aan 'het mooiste circus van Nederland'

*N*iet tevergeefs is de eerste in een lange reeks Nederlandse oorlogsfilms. De film gaat over verzet en collaboratie op een Drentse boerderij waar een heterogene groep onderduikers zich verbergt voor de Duitsers. De titel van de film is ontleend aan een toespraak van koningin Wilhelmina. De officiële herdenkingsfilm bevat authentieke beelden uit de Hongerwinter en wordt opgedragen aan de koningin. De producenten Piet Meerburg en Paul Kijzer, eigenaren van de herbouwde Cinetone-studio in Duivendrecht, schakelen de Franse regisseur Edmond T. Gréville in. De productie is een regelrechte flop. Tegenover de kosten van 280.000 gulden staat een opbrengst van 30.000 gulden. De hoop op een herrijzenis van de Nederlandse filmindustrie wordt hiermee de bodem ingeslagen.

Een stapel gezonde boterhammen, een mok melk, met als eettafel een omgekeerd groentekistje. In dit beeld is de essentie samengevat van het vakantiekamp. De meeste Nederlanders hebben geen geld voor binnen- en buitenlandse vakanties. Voor de kinderen bestaat echter wel de mogelijkheid om buitenlucht op te snuiven in een zomerkamp. De kerkelijke jeugdorganisaties, de socialistische of communistische jongerenbeweging en de padvinderij zijn de aangewezen organisaties voor dit jeugdwerk. Eén ding hebben alle kampen gemeen. Aan het einde van de week is er een bonte avond, waar de kinderen zingen, toneelspelen, gedichten voordragen en in een cabaret de kampleiders op de hak nemen.

IISG, FOTO BEN VAN MEERENDONK □

Tom Poes, Heer Olivier B. Bommel en d'Oude Schicht maken hun opwachting op de Dam in Amsterdam. De twee stripfiguren zijn creaties uit de jaren '40. Tom Poes is bedacht door tekenaar Marten Toonder, die vanaf 16 maart 1941 een strip voor oudere kinderen publiceert in *De Telegraaf* met als titel: 'Tom Poes en het geheim van de Blauwe Aarde'. In het derde avontuur doet Heer Bommel zijn intrede. De strip gaat na de oorlog door in andere dagbladen en richt zich gaandeweg op volwassenen. Toonder verrijkt de Nederlandse taal met een hele serie staande uitdrukkingen ('Verzin een list!', 'Parbleu' en 'Enigjes'). Bij een manifestatie in Amsterdam trekken de eigenwijze kasteelheer en zijn scherpzinnige helper een dichte drom publiek.

☐ IISG, FOTO BEN VAN MEERENDONK

De dijk is dicht is een van de grote Nederlandse filmproducties van kort na de oorlog. Filmfabriek Polygoon steekt in 1949 een budget van 170.000 gulden in de opnamen van dit oorlogsdrama, dat speelt in het in 1944 door bombardementen en inundaties zwaar getroffen Westkapelle. De hoofdrol is voor Kees Brusse, die de depressieve oorlogsweduwnaar Bert Verbloeme speelt. Hij heeft moeite met de verwerking van de dood van zijn vrouw. Pas na een lange geestelijke worsteling komt hij er toe de handen uit de mouwen te steken voor de wederopbouw van zijn verwoeste dorp. De film komt uit in 1950. Auteur Antoon Koolhaas maakt later naam als schrijver van dierenromans en maker van scenario's voor cineast Bert Haanstra.

Met een bescheiden zak vol geschenken verrassen Sinterklaas en Zwarte Piet deze familie. De heilige Nicolaas heeft bij het ingaan van de jaren '50 nog geen concurrentie te duchten van de Amerikaanse kerstman. Zelf is de Sint er rond 1950 eindelijk in geslaagd om zijn traditie algemeen te vestigen. Tijdens de vooroorlogse crisis en ook in de oorlog is de pakjesavond beslist geen gemeengoed bij alle gezinnen. Een populair fenomeen in de late jaren '40 is het zetten van de schoen. Voor de oorlog heeft Sint maar één helper. De uitbreiding van het aantal Pieten is te danken aan Canadese militairen, die massaal willen meehelpen bij de eerste naoorlogse Sinterklaasfeesten.

Carel Brendel

In de schijnwerpers

Wie waren de bekende Nederlanders in de jaren '40? Wie schitterden op het toneel of op het witte doek? Wie haalden met regelmaat de kranten-kolommen? En waren de sporthelden net zo populair als tegenwoordig? In dit hoofdstuk worden de schijnwerpers gericht op beroemdheden als Sylvain Poons, Theo Uden Masman, Abe Lenstra, Fanny Blankers-Koen en Heintje Davids.

Deze vrolijke deelnemers van de zesde Elfstedentocht weten niet wat hun later op de dag te wachten staat. In de middag gaat het hard sneeuwen en steekt een snijdende wind op. Slechts 27 van de 2716 toerrijders halen de finish. Van de 688 wedstrijdrijders voltooien er 125 de loodzware tocht. De kopgroep van vijf sluit het 'pact van Dokkum'. De rijders spreken af hand in hand over de finish te gaan. Vlak voor de streep maakt Auke Adema zich los. Piet Keizer passeert hem maar dat wordt niet gezien in de chaos. Cor Jongert stempelt zijn kaart als eerste af. Uiteindelijk wordt het vijftal (inclusief Dirk van der Duim en Sjouke Westra) als gezamenlijke winnaar aangewezen.

Met de Tweede Wereldoorlog buiten onze landsgrenzen gaat het niet echt goed met de kunstsector. Op een kunstveiling in Rotterdam brengt het *Portret van een jong meisje met sluier* van Rembrandt slechts 3000 gulden op. Tijdens de Bezetting beleeft de schilder uit de Gouden Eeuw echter een herwaardering vanuit het 'foute' kamp. Na het vertrek van de Oranjes moet Rembrandt de nationale held worden. De NSB organiseert daarom speciale Rembrandt-herdenkingen. De Duitse regisseer Hans Steinhoff (bekend van de propagandafilm *Hitlerjunge Quex*) maakt in Nederland een film over de artiest. Joodse woekeraars figureren in de film, die in 1942 in première gaat in het Amsterdamse Rembrandttheater, maar in ons land na drie weken uit de bioscopen is verdwenen.

Theo Uden Masman is de grote man van het swingorkest The Ramblers, dat voor de oorlog triomfen viert voor de VARA-microfoon. *Wie is Loesje* en *Weet je nog wel die avond in de regen?* zijn bekende hits. Tijdens de Bezetting ontslaat Uden Masman twee joodse orkestleden. In 1942 dopen The Ramblers zich om tot Theo Uden Masman en zijn Dansorkest. Ze geven concerten voor de *Wehrmacht* en de Winterhulp. Dat wordt hem na de Bevrijding kwalijk genomen. The Ramblers krijgen een speelverbod van een half jaar, Uden Masman moet een jaar van de *Bühne* wegblijven. De eerste naoorlogse concerten in Nederland worden verstoord door betogers, maar weldra zijn The Ramblers weer net zo populair als voor de oorlog.

I n de jaren '30 ontstaan weekbladen als *Libelle* (1934) en *Margriet* (1938), die het modebewustzijn van de Nederlandse vrouwen sterk bevorderen. Met het wegebben van de economische crisis komt er meer geld en aandacht voor kleding, waarop deze modeshow uit 1940 inspeelt. Hoewel kleding weldra op de bon gaat, blijft de belangstelling voor mode overeind. Zo organiseert het Textielbureau in 1941 modeshows om te laten zien wat er met beperkte middelen toch mogelijk is. In 1944 ruimen de damesbladen tijdelijk het veld wegens papiergebrek, om kort na de Bevrijding te herrijzen en de Nederlandse vrouw wegwijs te maken in knip- en breipatronen en natuurlijk in de mode van dat moment.

Louis Noiret, een alias voor de pianist, zanger en tekstschrijver Louis Schwartz, is een artistieke grootheid zowel vóór als na de oorlog. Hij is pianist bij cabaretpionier Pisuisse, en schrijft later het bekende crisislied *De Dievenwagen*. Na de oorlog is hij de ontdekker van Johnny Jordaan en schrijver van de klassieker *Bij ons in de Jordaan*. Tijdens de mobilisatie van het Nederlandse leger boekt Schwartz

groot succes met zijn creatie Kobus Kuch uit Burgerbrug. De zingende soldaat houdt het moreel hoog met liedjes als *De Jongens aan de grenzen* en *De ki-ka-kolonel*. In 1940 boekt hij eveneens succes met *Kleine herdersjongen*, dat tientallen jaren later als *Kleine Jodeljongen* de volkszanger Manke Nelis in de hitlijsten brengt.

☐ SPAARNESTAD PHOTO, FOTO AD LUGER

Sport speelt een grote rol in de nationaal-socialistische ideologie. De Nederlandse sportbonden laten zich de bemoeienissen van de 'foute' overheid graag aanleunen. Sportbestuurders als voetbalchef Karel Lotsy werken van harte mee aan anti-joodse maatregelen. De sport bloeit op tijdens de Bezetting, mede als gevolg van het verdwijnen van andere vormen van recreatie. Niet overal loopt de samenwerking even vlot. De bekende tennisser Bram van Swol (tweede van links) breekt met zijn vaste dubbelpartner Tod Hughan (links) in verband met diens NSB-lidmaatschap. Van Swol zal in 1946 de laatste zestien op Wimbledon bereiken. Later maakt hij naam als de eerste 'mediadokter' met een eigen tv-programma (*Ziek zijn, beter worden*) en door zijn societyhuwelijk met operadiva Gré Brouwenstijn

De Amstelstraat vervult vóór en tijdens de oorlog een belangrijke rol in het hoofdstedelijke uitgaansleven. Hier staat onder meer het Centraal Theater, waar grote cabaretiers als Jean-Louis Pisuisse, Koos Speenhoff en Louis Davids hun triomfen vieren. Ook gaan hier talloze operettes in première. Nederland telt in die vooroorlogse jaren veertig gezelschappen met als bekendste ster de later naar nazi-Duitsland vertrokken Johannes Heesters. Na de meidagen gaat het artiestenbedrijf verder alsof er niets is gebeurd. Acteur Mathieu van Eysden speelt de hoofdrol in de nieuwe operette *Geef me 'n kus*, geflankeerd door Emmy Arbous (rechts) en Sophie Kohler, een van de latere Juffrouw Saartje's uit Swiebertje.

De joodse artiest Sylvain Poons kan in de eerste oorlogszomer nog een hoofdrol vertolken in theater Carré, tijdens de première van de operette *Rose
Marie*, samen met Truce Speyk. Vanaf de herfst van 1941 mag Poons alleen nog
maar voor een joods publiek optreden. Met zijn Joodsche Kleinkunstensemble
vermaakt hij daarna in de tot Joodsche Schouwburg omgedoopte Hollandsche
Schouwburg andere bedreigde en vervolgde joden. In 1943 duikt hij onder. Na de
oorlog zal Poons vaak optreden met revue-artieste Heintje Davids (*Omdat ik
zoveel van je hou*) en vooral bekend worden als vertolker van de *Zuiderzeeballade*.
In deze operette was ook een rolletje toebedeeld aan een jonge tenor die op veer-
tienjarige leeftijd in 1940 zijn debuut maakt. Zijn artiestennaam: Willy Alberti.

De kampioenscompetitie in het voetbalseizoen 1939/1940 moet worden uitgesteld als gevolg van de Duitse inval. De in 1937 geopende Kuip, het trotse
thuishonk van titelkandidaat Feyenoord, is gevorderd door de Duitsers. De volks-
club uit Rotterdam-Zuid wijkt voor zijn thuiswedstrijden uit naar het Kasteel van
Sparta, waar op 18 augustus de vijfde landstitel wordt veroverd na een 2-0 zege op
Heracles. Een feestje op de door het Duitse bombardement verwoeste Coolsingel
is er niet bij. Wel gaat aanvoerder Bas Paauwe op de schouders van zijn medespe-
lers. In 1941 overwegen de Duitsers de sloop van het Feyenoord-stadion. In de Kuip
is immers veel staal verwerkt, dat nuttig kan zijn in de Duitse oorlogseconomie.
Deze tragedie blijft de Rotterdamse voetbalfans echter bespaard.

☐ SPAARNESTAD PHOTO, FOTO C. KRAMER

Het 'vriendelijke gezicht' van de Duitse bezetters manifesteert zich op verschillende manieren. De soldaten gedragen zich als hoffelijke en nieuws-
gierige toeristen. Bescheiden zoeken ze hun plekje op de Amsterdamse rondvaart-
boten. Ze vermaken zich in dierentuinen of recreëren op het strand van Scheveningen. De soldaten leren dat de Nederlanders een Germaans broedervolk vormen
met een heldhaftige geschiedenis. Onder het motto 'Deutsche Soldaten lernen
die Niederlande kennen' bezoekt een eenheid Duitse soldaten het stadhuis van
Delft, waar zij worden rondgeleid langs het schilderij *Het vierde rot van de Delftse
haakbusschutters* uit 1592 van Jacob Willemsz Delff.

I n september 1940 probeert de kleine Nationaal-Socialistische Nederlandsche
Arbeiderspartij (NSNAP) aanhangers te winnen door relletjes te ontketenen
tegen joodse cafés, winkels en theaters. De NSNAP-leden, nog radicaler dan de
Weerafdeling van de NSB, lokken vechtpartijen uit op de populaire markt aan het
Amstelveld. Daarna trekken ze op naar de omgeving van het Thorbeckeplein en
het Rembrandtplein, die zij als het 'Joodse uitgaanscentrum' beschouwen. In de
Amstelstraat sneuvelen de ruiten van een kosjere broodjeszaak. De eigenares,
mevrouw Cohen, staat in de menigte rond de vernielde etalage, te midden van
enkele bekende acteurs, zoals Joan Remmelts, Cees Laseur en Rie Gilhuys, die op
dat moment aan het werk zijn in het tegenoverliggende Centraal Theater.

Het Concertgebouworkest dankt zijn grote internationale reputatie aan de befaamde dirigent prof. Willem Mengelberg (links). Hij is de grote promotor van het werk van de componist Gustav Mahler en persoonlijk bevriend met de joodse Oostenrijker. Bij het uitbreken van de oorlog is Mengelberg 69 jaar. Met zijn orkest gaat hij tijdens de Duitse overheersing door alsof er niets is gebeurd. Heel Nederland ziet de dirigent in de kranten of in het bioscoopjournaal op goede voet met Rijkscommissaris Seyss-Inquart (midden). Die opstelling wordt hem zeer kwalijk genomen. Na de oorlog mag Mengelberg zes jaar lang niet meer optreden. Koningin Wilhelmina trekt al zijn onderscheidingen in. Mengelberg trekt zich verongelijkt terug in zijn huis in Zwitserland. Rechts op de foto de bestuurder van de Weense Philharmonie H. Strohm.

Dichter-zanger Koos Speenhoff en zijn vrouw Cesarine vieren hun veertigjarig artiestenjubileum. Een half jaar later komt de familienaam in opspraak door de medewerking van hun dochter Ceesje aan het beruchte zondagmiddagcabaret van Paulus de Ruiter, dat is bedacht door tekstschrijver Jacques van Tol. De Speenhoffs willen dat hun dochter onder een andere naam meedoet aan het zeer antisemitisch getinte cabaret. Cesarine en haar zoon Coos jr. gaan zo fel te keer dat ze niet meer mogen optreden voor de radio. Koos sr. gaat wel verder en krijgt een toelage van het departement van Volksvoorlichting en Kunsten. Tot een naoorlogse zuivering komt het niet, want Speenhoff overlijdt in maart 1945 bij een geallieerd bombardement op Den Haag.

□ SPAARNESTAD PHOTO

De populaire actrice Ank van der Moer blijft gedurende de gehele bezettingstijd doorspelen. Ze speelt onder meer de hoofdrol in *Pygmalion* van Bernard
Shaw. Als gevolg van 'beroepsblindheid en naïviteit' laat ze zich omringen door
bewonderaars als de NSB'er Tobie Goedewaagen (links), de latere voorzitter van de
Nederlandsche Kultuurkamer, en de NSB-propagandist Adriaan van Hees (rechts).
In 1944 neemt ze nog een prijs in ontvangst van de gelijkgeschakelde schrijvers-
bond. Cultuurpaus Goedewaagen geldt als minder erg dan Seyss-Inquart, en daardoor komt Ank van der Moer er na de Bevrijding af met een speelverbod van
slechts één maand. Rechts van Van der Moer staat actrice Josephine van Gasteren,
van wie kwade tongen fluisteren dat ze een verhouding heeft met SD-chef Willy
Lages.

S port is van het allerhoogste belang in de denkwereld van de nazi's. In *Mein Kampf* beveelt Adolf Hitler zijn lezers aan om minstens een uur per dag te besteden aan sport en lichamelijke oefening. Het werken aan een gezond lichaam zou bijdragen aan het kweken van een gezonde en strijdbare geest, dat alles ter verheffing van het Germaanse ras. De Olympische Spelen van 1936 in Berlijn draaien uit op een groot propagandafestijn voor het regime van Adolf Hitler. Sport wordt ook ingezet als een middel voor de verbroedering van de Duitse soldaten met de bevolking van de bezette landen. In dat kader houden militairen van de *Wehrmacht* een grote sportmanifestatie in het Olympisch Stadion.

D e gloriejaren van de Haagse voetbalclub ADO vallen samen met de Duitse
bezetting. In 1941 wordt de club na beslissingswedstrijden tegen DHC kam-
pioen van de eerste klasse. Dat is slechts een aanloopje naar de twee achtereenvolgende landskampioenschappen in 1942 en 1943. Het Zuiderpark, dat 12.000
toeschouwers kan bevatten, is vrijwel altijd uitverkocht. De voetbalstadions hebben nog nooit zo vol gezeten als in de eerste jaren van de bezetting. Pas in 1944
neemt de belangstelling af. De Duitsers houden razzia's bij de uitgang van sta-
dions op zoek naar mannen, die de arbeidsinzet ontduiken. Angst voor luchtaanvallen en de verslechterende leefomstandigheden dragen ook bij tot een vermin-
derd stadionbezoek.

De Duitse instanties willen af van de vele Engelse termen in de sport. Bij het hockey is dat een vrijwel onmogelijke zaak. De hockeybond KNHB gaat wel in op een dringend advies van sportbaas Karel Lotsy, die de Duitsers adviseert over sportieve zaken, om te fuseren met de dameshockeybond. Dat is voor de meeste clubs geen punt, want ze zijn al gemengd. Net als andere sportbonden laat de hockeybond de K (voor Koninklijke) weg tijdens de oorlog. Op de hockeyvelden heerst in die jaren het Haagse HDM, dat de landstitel pakt in 1941 en 1942. De heren en dames bereiden zich in de duinen van de Hofstad voor op dat succesvolle seizoen.

Hoge hakken, jurken tot net boven de knie, een sigaret in de hand, een hoedje op het hoofd, het liefste scheef want dat geeft sexappeal. Filmvedetten zoals de naar Amerika uitgeweken Marlene Dietrich en Zarah Leander, de ster van het nazi-filmwezen, hebben voor het uitbreken van de Tweede Wereldoorlog een onmiskenbare invloed op de kleding en het schoeisel van jonge vrouwen. De hoge hak geeft zich niet zo maar gewonnen als schoenen schaars worden door het tekort aan leer en de invoering van de distributie. Dankzij de houten zolen kunnen modebewuste dames op hun manier nog even met de moderne tijd meegaan.

Wanneer de Olympische Winterspelen van 1940 in Garmisch-Partenkirchen niet doorgaan vanwege de oorlog, organiseren de Duitsers in 1941 een soort alternatief: de Wintersportweek. De Amsterdamse IJshockey Club (AIJHC) bestaat voor een groot deel uit NSB'ers. Het kost dan ook weinig moeite om een versterkt AIJHC-team als Nederlandse formatie naar Beieren uit te zenden. De ijshockeybond is een van de eerste sportbonden die de sportieve contacten met nazi-Duitsland zonder problemen hervat. Veel topspelers bedanken overigens voor de eer. Sportief presteren de 'foute' ijshockeyers bijna niets op de surrogaat-Winterspelen. Dat verhindert de spelers niet om prominent aanwezig te zijn bij de huldiging van de Duitse kampioene kunstrijden Lydia Veicht.

Begin jaren '40 zijn er drie Elfstedentochten achter elkaar, waarvan twee tijdens de Duitse bezetting. Het voornaamste probleem tijdens de oorlog is de verduistering, waardoor de rijders een deel van de tocht in het pikdonker rijden. Tijdens de tocht van 1941 neemt daardoor de kopgroep een verkeerde afslag. Een jaar later is de winter steenkoud. In Friesland ligt er prachtig ijs. Sietze de Groot wint in een recordtijd van 8 uur en 44 minuten. Van de 3862 toerrijders halen er 3669 de finish, een recordprestatie. De enige wanklank komt na afloop. Drie deelnemers overlijden aan de gevolgen van een tetanusinfectie, die ze tijdens de tocht langs de elf Friese steden hebben opgelopen.

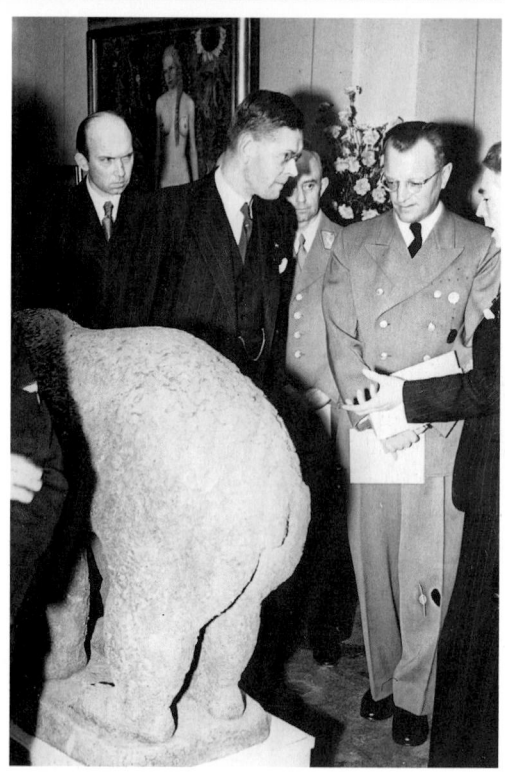

De Nederlandse media staan vijf jaar lang onder censuur. Die maatregel treft niet alleen de schrijvende journalisten, maar ook de fotografen. Het *Referat Bildpresse* moet dagelijks zo'n 500 foto's beoordelen. Acht procent van de inzendingen wordt wegens 'militaire, politieke of economische redenen uitgesloten van publicatie'. Een foto van Rijkscommissaris Seyss-Inquart, tijdens de opening van de op verbroedering der Germaanse volkeren gerichte expositie Weser-Ems in Groningen, haalt het bijvoorbeeld niet. De foto wordt als onflatteus gezien voor de Oostenrijkse landvoogd. In de filmjournaals valt het manklopen van de Rijkscommissaris echter niet te verbloemen. Zijn slepende gang wekt de lachlust op van het bioscooppubliek en bezorgt hem de bijnaam 'zes en een kwart'.

Mary Dresselhuys, die na de oorlog tot op hoge leeftijd grote triomfen viert op het toneel en in de film, speelt als de dame van het 'kook- en bakplaatje' een hoofdrol tijdens de première van *De Bonte Rij*, de tweede kleinkunstrevue van het Centraal Theater. Tijdens de bezetting komen nieuwe cabarettalenten bovendrijven, zoals Conny Stuart, Wim Sonneveld en Toon Hermans. Vrijwel zonder uitzondering melden de Nederlandse artiesten zich aan voor de Kultuurkamer. Het publiek neemt hen deze samenwerking met de bezetters over het algemeen niet kwalijk. Hoe duisterder de oorlogstoestand, des te schreeuwender de behoefte aan ongecompliceerd vermaak. Of zoals een advertentie van het Centraal Tooneel het zegt: 'Geen zorgen, geen gemor, bij ons een avond van plezier.'

Door Oefening Sterk (DOS) heet de boksvereniging van oud-bokser Leen Nicolaas. Zijn lokaal staat aan de Hoefkade in het hart van de Haagse Schilderswijk. Net als andere boksscholen profiteert hij van het gunstige klimaat voor de bokssport. De ruwe vechtsport van weleer krijgt een beter imago dankzij de nazi's, die boksen zien als een edele bezigheid ter verhoging van de weerbaarheid van het volk. Nicolaas (tweede van rechts) en zijn leerlingen zijn op de foto gezet tijdens een uitstapje naar Streefkerk. Rechts achter staat een van de talenten van Nicolaas, Chris de Bas. Hij staat bekend als 'knockouter'. Zijn bijnaam zal niemand verbazen: De Kale. Het talent overlijdt helaas op jonge leeftijd aan de gevolgen van suikerziekte.

☐ BEELDBANK WO2 / NIOD

Mijnheer Dinges weet niet wat swing is is de eerste hit van het duo Johnny & Jones. Max Kannewasser en Nol van Wesel zijn de tieneridolen van de late jaren '30. Hun mix van jazz, joods-Amsterdamse humor en een quasi-Amerikaans accent slaat aan. Ze spelen, ook in het begin van de bezettings- tijd, regelmatig met The Ramblers. Na oktober 1941 mogen Johnny & Jones alleen nog voor een joods publiek spelen. In 1943 worden ze naar Westerbork overge- bracht. In augustus 1944 maken ze nog zes (verdwenen) opnamen in Amsterdam. Ze duiken niet onder, waarschijnlijk om hun familie in Westerbork niet in proble- men te brengen. In september 1944 worden de twee artiesten gedeporteerd. Kort voor het einde van de oorlog komen ze om in het concentratiekamp Bergen-Bel- sen.

Het Cauberg Criterium in Valkenburg geldt tevens als het wielerkampioenschap van Nederland op de weg. Onder grote belangstelling grijpt Theo Middelkamp de titel in 1943. Middelkamp, in 1936 de eerste Nederlandse winnaar van een etappe in de Tour de France, kan tijdens de oorlog niet rondkomen van het fietsen. Hij zit enkele maanden vast wegens smokkelen. Andere vooraanstaande renners, zoals Arie van Vliet, Jan Derksen, Kees Pellenaars, Gerrit Schulte en de SS'er Cor Wals, rijden koersen in Duitsland. Wals verspeelt iedere sympathie bij het publiek door tijdens de Nederlandse kampioenschappen in 1941, waar hij de stayerstitel verovert, openlijk voor zijn SS-lidmaatschap uit te komen. Tijdens zijn ererondjes vliegen de zitkussentjes over de wielerbaan van het Olympisch Stadion.

□ SPAARNESTAD PHOTO

De talentvolle jonge violist Herman Krebbers (geboren in 1923) zal nog lang worden herinnerd aan zijn oorlogsverleden. Net als andere musici die willen blijven optreden wordt hij lid van de Kultuurkamer. Krebbers gaat nog een stapje verder door in 1943 aan een radio-uitzending in Berlijn mee te werken. Slecht valt ook een optreden in 1944, samen met pianist Cor de Groot, op Clingendael, de ambtswoning van Rijkscommissaris Seyss-Inquart. Het levert hem na de Bevrijding een speelverbod op van twee jaar. In 1947 wordt hij in hoger beroep vrijgesproken door een ereraad. Daarna ontvangt hij nog twee koninklijke onderscheidingen. Ondanks protesten wordt in 2002 in Ede een muziekzaal naar Herman Krebbers vernoemd.

NATIONAAL ARCHIEF, ELSEVIER, FOTO KEES MOLKENBOER □

De bloemenslinger en de steelgitaar zijn de 'kernwaarden' van een uit Hawaii afkomstige muziekrage die via Nederlands-Indië rond 1930 ons land bereikt. Het echtpaar Mary en Bill Buysman en hun Kilima Hawaiians vormen de meest succesvolle groep. De Duitsers laten de on-Germaanse muziek oogluikend toe als de muzikanten maar Nederlands zingen. Na de Bevrijding wordt de Hawaii-muziek ongekend populair. Er zijn maar liefst 600 bands. Na 1950 zakt de belangstelling voor dit genre in, maar de Kilima Hawaiians weten hun bestaan nog enkele decennia te rekken. Op de televisie zijn ze een graag geziene gast.

De Kilima Hawaiians treden net als de meeste andere graag op in *De bonte dinsdagavondtrein*. Dit show- en cabaretprogramma van de AVRO wordt vóór en na de oorlog druk beluisterd. De 'trein' doet in 1936 haar intrede, verdwijnt in 1940 om na de Bevrijding in volle glorie terug te keren. Het hele gezin zit op dinsdagavond aan de radio gekluisterd. Artiesten hebben hun populariteit te danken aan, of weten hun aanhang in het land te vergroten dankzij *De bonte dinsdagavondtrein*. Het revueduo Snip & Snap, Bobbejaan Schoepen, Toon Hermans, Rudi Carrell en Willy Alberti zijn regelmatig te horen in de show, die in 1957 verdwijnt bij de overgang van het radio- naar het televisietijdperk.

Max Heijmans ontpopt zich direct na de Bevrijding als de grote man in de Nederlandse modewereld. De couturier slaagt er in bekende klanten te vinden in de artistieke en culturele wereld. Artiesten en actrices als Hetty Blok, Conny Stuart, Mary Dresselhuys, Caro van Eyck, Charlotte Köhler, Ida Wasserman en Josephine van Gasteren lopen rond in creaties van Heijmans, en door dat alles stijgt het aanzien van de uit Arnhem afkomstige modeontwerper tot grote hoogte. Nog geen jaar na de oorlog houdt hij een grote modeshow in het Victoria Hotel. 'Als alle vrouwen die een broek dagen zichzelf van achteren konden zien, zou de helft minder broeken verkocht worden', is een bekende uitspraak van Heijmans, die zelf ook graag in dameskleren rondloopt.

Vrouwen met de broek aan zijn nog een hoge uitzondering in het naoorlogse Nederland. De modewereld herstelt zich snel van de misère van de Honger-winter. Al in februari 1946 worden de eerste modeshows gehouden. Het Minerva Paviljoen en het Victoria Hotel in Amsterdam en Huis ter Duin in Noordwijk zijn de plaatsen waar de mannequins de nieuwe kleding showen, zoals deze feestrok. De 'nationale feestrok' is bedacht door mevrouw A.M. Boissevain-van Lennep die in de oorlog illegaal actief is. De rok wordt gemaakt van oude kleine stukjes stof. Daarmee wordt duidelijk gemaakt dat samenwerking nodig is om Nederland er weer bovenop te helpen. Naar schatting 4000 vrouwen maken een dergelijke rok.

Korfbal is kort na de oorlog een echte volkssport. In Amsterdam is deze gemengde sport erg populair dankzij de speeltuinverenigingen, waaruit enkele vooraanstaande clubs voortkomen. Een daarvan is Westerkwartier, dat zijn thuishonk heeft aan de Van Hogendorpstraat in de Staatsliedenbuurt. Tussen 1944 en 1954 wordt de toppositie van Westerkwartier alleen bedreigd door Blauw Wit, eveneens afkomstig uit Amsterdam-West. De derby tussen de twee hoofdstedelijke aartsrivalen trekt veel publiek. In de jaren '60, als kinderrijke gezinnen wegtrekken uit Amsterdam, komt er een einde aan de hegemonie van Westerkwartier. Korfbal wordt in 1946 alleen op het veld gespeeld. Het zaalkorfbal, zonder het als 'saai' beschouwde middenvak, ontstaat in de jaren '50.

☐ NATIONAAL ARCHIEF, ANEFO, FOTO HARRY SAGERS

D*e Nachtwacht* van Rembrandt wordt in 1940 in veiligheid gebracht in verband met mogelijke luchtaanvallen. Het kostbaarste schilderij van het
Rijksmuseum logeert eerst op kasteel Radboud in Medemblik. Van daar verhuist
Rembrandts meesterwerk naar een kunstbunker in de duinen bij Castricum, waarbij het schilderij uit zijn lijst wordt gehaald en opgerold. Wegens de aanleg van
de *Atlantikwall* laat de Rijksgebouwendienst alle topstukken overbrengen naar
een nieuw aangelegde kluis in de mergelgrotten van de Sint-Pietersberg bij
Maastricht. Daar wordt *De Nachtwacht* in 1944 'bevrijd'. Na de oorlog duurt het
nog vele jaren tot het schuttersstuk volledig is gerestaureerd. In het voorjaar van
1947 is het herstel in volle gang.

Het Nederlands voetbalelftal speelt in maart 1946 al weer zijn eerste interland. In Luxemburg wint Oranje met 2-6. Veel aandacht krijgt ruim een jaar later de vriendschappelijke wedstrijd tegen Frankrijk, een van de grote voetballanden van na de oorlog. De Nederlanders reizen per vliegtuig naar Parijs. Piet Kraak staat in het doel. De selectie bevat verder bekende namen als Arie de Vroet, Faas Wilkes, Kees Rijvers en Guus Dräger. Voor de aftrap wisselt de Nederlandse aanvoerder Henk van der Linden vaantjes uit met de Franse doelman en aanvoerder Julien Darui. Nederland is overigens kansloos. Na een ruststand van 1-0 winnen de Fransen eenvoudig met 4-0.

De Match van het Jaar. Zo zal in 1947 de tweestrijd om de Nederlandse boks-
titel in het middengewicht de geschiedenis ingaan. De veertigjarige Bep
van Klaveren ('The Dutch Windmill') probeert zijn titel te heroveren op de dertien
jaar jongere Luc van Dam. Op 10 augustus zien 16.000 toeschouwers in het Feyenoordstadion de zege van de legendarische Van Klaveren. Hij staat bekend om de
uitspraak: 'Ik gaf hem een klap, hij heb nooit meer gebokst'. Van Dam verliest als
gevolg van een blessure. Maar hij wil direct revanche. Nog geen maand later worden in de Amsterdamse RAI de rollen omgedraaid. Nu krijgt Van Klaveren (links)
een directe tik op de wenkbrauw, die hem noodzaakt om de strijd te staken.

Nel van Vliet wordt gehuldigd na het behalen van de Europese titel op de 200 meter schoolslag. De 21-jarige topzwemster uit het Gooi is onstuitbaar. Ze verzamelt vijftien wereldrecords. En dan te bedenken dat ze eerst niet mee heeft mogen doen aan wedstrijden omdat haar vader haar niet heeft aangemeld bij de burgerlijke stand. De grootste triomf viert Van Vliet in 1948 op de Olympische Spelen in Londen. Daar wint ze de gouden medaille op haar favoriete afstand. De gouden plak wordt een week na thuiskomst bij een inbraak gestolen. Pas in 2004 geeft het IOC toestemming om een kopie te maken, die ze kort voor haar dood ontvangt uit handen van NOC-voorzitter Erica Terpstra.

*H*et *Zondagmid-dagcabaret* van Paulus de Ruiter is van oktober 1941 tot januari 1944 een veelbeluisterd én veelgesmaad programma van de onder NSB-invloed geraakte Nederlandsche Omroep. Het cabaret valt op door zijn onverbloemde antisemitisme. De grote tekstschrijver van Paulus de Ruiter is Jacques van Tol, die voor de oorlog bekende artiesten als Louis David, Wim Sonneveld en de *Snip & Snap-revue* van teksten voorziet. Van Tols antisemitisme komt voort uit persoonlijke frustraties over het gedrag van Davids die maar weinig betaalde voor de prachtige teksten. Na de oorlog staat Van Tol terecht voor zijn antisemitische propaganda. Hij komt er af met drie jaar gevangenis, omdat hij joodse onderduikers heeft geholpen. Van Tol krijgt een schrijfverbod, maar de omroepen kunnen niet zonder hem en schakelen hem (onder schuilnaam) regelmatig in.

Faas Wilkes scoort het tweede doelpunt voor Xerxes in de topper bij Vole-
wijckers (3-3). Faas, zoon van een Rotterdamse verhuizer, maakt zijn debuut
bij Xerxes in 1941. De KNVB waakt dan nog over het zuivere amateurisme van de
voetbalsport. De bond dreigt met een speelverbod als Wilkes kort na de Bevrijding
in ruil voor twee vrachtauto's naar MVV wil vertrekken. De overstap gaat niet door.
Een veel betere slag slaat Wilkes in 1949. Voor 60.000 gulden per jaar gaat hij
spelen bij de Italiaanse topclub Inter Milaan. Wilkes is niet de eerste Nederlandse
voetbalprof, maar zijn vertrek naar Italië geldt wel als de eerste grote transfer. De
spits wordt onmiddellijk uitgesloten van het Nederlands elftal en blijft steken op
35 caps.

☐ NATIONAAL ARCHIEF, ANEFO, FOTO VAN VALK

De zestigste verjaardag van Heintje Davids loopt uit op een grootscheepse huldiging in het Concertgebouw. Daar wordt ze in het zonnetje gezet door de bekende actrice Rika Hopper. Revuezangeres Heintje, een jongere zuster van Louis Davids, staat al vanaf 1907 op de planken. Ze treedt op met Louis en vervult een hoofdrol in de musicalfilm *De Jantjes*. Tijdens de Duitse bezetting duikt ze onder en overleeft als enige van haar familie de jodenvervolging (Louis overleed kort voor de oorlog). Na de Bevrijding blijft Heintje een populaire artieste. In 1954 kondigt ze – 66 jaar oud – haar officiële afscheid aan. Door nog vele malen op de planken terug te keren en opnieuw afscheid te nemen wordt haar naam een begrip.

De enige Nederlandse wereldkampioen uit de schaakgeschiedenis is Max Euwe. De leraar wiskunde mag zich in 1935 de beste schaker van de wereld noemen na een legendarische tweestrijd met de Rus Aleksandr Aljechin, die in 1937 revanche neemt. In 1948 probeert Euwe terug te keren aan de wereldtop, maar zijn deelname aan het wereldkampioenschap draait uit op een fiasco. Hij eindigt onderin met vier punten uit twintig partijen. In Nederland echter is Euwe tussen 1921 en 1952 vrijwel onverslaanbaar. Later zal hij nog grote verdiensten voor zijn sport hebben als president van de internationale schaakbond FIDE. Talloze jonge Nederlandse schakers leren de kneepjes van het spel dankzij de leerboeken van Max Euwe.

In een afgeladen Kuip staat het Nederlands elftal klaar voor wat in die jaren het hoogtepunt is van het voetbalseizoen, de jaarlijkse vriendschappelijke derby tegen België. Naast aanvoerder De Vroet en doelman Kraak staan het jonge talent Kees Rijvers (derde van links) en veteraan Abe Lenstra (vierde van links). Samen met Faas Wilkes (naast de grensrechter) vormen zij het 'gouden binnentrio' van Oranje. Rijvers (33 interlands, 10 goals) wordt later prof in Saint-Etienne, en succesvol coach van PSV en Oranje. Goalgetter Abe Lenstra (47 interlands, 33 doelpunten) slaat ook weer toe tegen de Rode Duivels. In de slotfase scoort Abe de gelijkmaker (2-2) en redt daarmee de eer van het Nederlands elftal.

IISG, FOTO BEN VAN MEERENDONK ☐

Tijdens de oorlog zijn er wegens het brandstoftekort geen wedstrijden mogelijk op het circuit van Assen. Maar na mei 1945 worden de motorraces om de
Tourist Trophy (TT) in volle glorie hervat. In 1946 is het motorfestijn nog een nationale gelegenheid. Vanaf 1947 staan er weer buitenlandse coureurs aan de start. De
motorsportfederatie FIM verheft de TT in 1949 tot de status van Grand Prix voor
het wereldkampioenschap. De Ier Artie Bell is in 1948 de winnaar van de 'konings-
klasse', de 500 cc, en ondergaat de huldiging. Aan de veelbelovende carrière van
Bell komt in 1950 een einde door een crash in Francorchamps, waarbij hij zwaar
gewond raakt.

☐ NATIONAAL ARCHIEF, ANEFO, FOTO J.D. NOSKE

Ze is dertig jaar oud en moeder van twee kinderen tijdens de Olympische Spelen in Londen. Daar levert 'de vliegende huisvrouw' Fanny Blankers-Koen een
bijna onmogelijke prestatie. Ze wint vier gouden medailles: op de 100 meter, de
200 meter, de 80 meter horden (foto) en de 4 x 100 meter estafette. Londen is het
hoogtepunt van een atletiekcarrière die in 1937 is begonnen en zonder de oorlog
wellicht nog glansrijker zou zijn geweest. Bij elkaar wint ze 58 nationale titels, vijf
Europese titels en verzamelt ze 21 wereldrecords. Een aantal records breekt ze tijdens wedstrijden in 1943.

Mede dankzij Arie van Vliet speelt Nederland twintig jaar lang een hoofdrol in het baanwielrennen. Op het Wereldkampioenschap van 1948 slaat Van Vliet opnieuw toe. In de tijdrit pakt hij het goud door in de finale de Fransman Louis Gerardin te verslaan. Het is een van de hoogtepunten uit een lange carrière: zilver op het WK sprint in 1934, goud in de tijdrit bij de Olympische Spelen van Berlijn (1936), goud op het WK sprint in 1938, en – bijna twintig jaar na zijn eerste triomf op wereldniveau – wereldkampioen op de tijdrit in 1953. Van Vliet, met regenboogtrui, staat kort na het WK van 1948 centraal in de traditionele huldiging in het Olympisch Stadion.

Corrie Vonk en Wim Kan treden op voor de bewoners van het ouden-van-dagen-huis aan de Roetersstraat. Ministerszoon Kan en de tien jaar oudere Corrie zijn in 1933 getrouwd, het begin van een langdurige artistieke samenwerking. Samen richten ze in de crisistijd het ABC-cabaret op. In 1938 doet Kan mee aan een experimentele tv-uitzending. In 1940 gaat het ABC-cabaret op tournee naar Indië. Door het uitbreken van de oorlog kunnen de artiesten niet naar huis. Kan raakt in Japanse gevangenschap en werkt aan de Birma-spoorlijn, wat hem een levenslange afkeer van de Japanse keizer bezorgt. In 1946 zijn Kan en Vonk terug in Nederland. In de jaren '50 maakt Wim Kan naam met zijn oudejaarsconferences voor de VARA-radio.

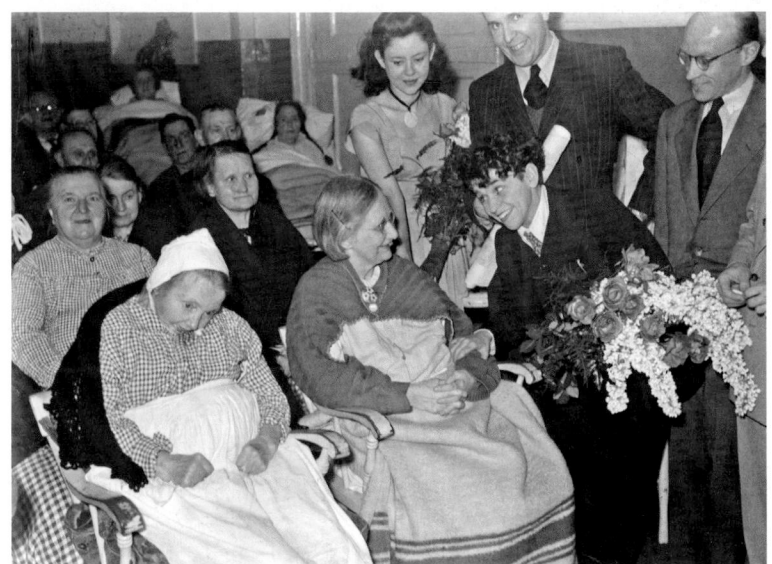

De naam van Maurits ('Maus') Gatsonides is vastgeklonken aan de Rally van Monte Carlo. Met zijn ploeggenoot Barendrecht bereikt hij vanuit Amsterdam de Belgische grens op weg naar het zonnige eindpunt aan de Rivièra. Voor het zo ver is staan nog vele behendigheidsproeven op de agenda. Gatsonides is een avonturier met een grote liefde voor motoren, auto's en vrouwen. Behalve een flamboyante rallyrijder is hij ook een grote techneut. In de oorlog vindt hij een houtgasgenerator uit. In 1953 zal Gatsonides er in slagen om de Rally van Monte Carlo te winnen. Daarna doet hij nog enige uitvindingen op het gebied van de snelheidsmeting. Daarmee is hij een soort vader van alle flitspalen.

'**U**s Abe' is de Friese bijnaam van Abe Lenstra, de beste Nederlandse voetballer voor de komst van Johan Cruijff, hier op de foto voor de met 1-4 gewonnen wedstrijd tegen VSV uit Velsen. Met zijn karakteristieke kuif – die striptekenaars zal inspireren – beheerst de midvoor van Heerenveen het voetbal van de jaren '40 en ''50. Vlak voor de oorlog maakt Abe zijn Oranjedebuut tegen Luxemburg. Met Kees Rijvers en Faas Wilkes vormt hij het 'gouden binnentrio'. Lenstra voelt echter niets voor een loopbaan als voetbalprof in Frankrijk of Italië. Een transfer vanuit Friesland naar Enschede is hem al ver genoeg. Abe wordt het symbool van Nederlandse eigenzinnigheid en onverzettelijkheid. Als gevolg van een hersenbloeding belandt hij op latere leeftijd in een rolstoel. Het stadion van SC Heerenveen is vernoemd naar deze onvergetelijke voetballer.

De in Delfshaven in 1877 geboren Kees van Dongen vertrekt in 1897 naar Parijs, het Mekka van de schilderkunst. Hij moet enkele jaren wachten op zijn doorbraak, maar in 1905 heeft hij dan eindelijk zijn eerste grote expositie. Van Dongen maakt deel uit van een moderne stroming, die vanwege het gebruik van felle kleuren bekend zal worden onder de naam 'Les Fauves' (De Wilde Dieren). In 1929 laat de schilder zich tot Fransman naturaliseren. De Franse Nederlander wordt over de hele wereld geëerd en zijn werken hangen in de beste musea. Toch vergeet hij zijn geboortestad niet. In 1949 maakt Van Dongen zijn opwachting op een aan zijn werk gewijde expositie in het Rotterdamse museum Boymans.

NATIONAAL ARCHIEF, ANEFO, FOTO WINTERBERGEN ☐

De wielerronde van Nederland wordt in 1949 voor de tweede maal gehouden. Winnaar wordt (de tweede renner van links) Gerrit Schulte. Door zijn eigenzinnige manier van rijden heeft hij in de Tour de France de bijnaam 'le fou pédalant' (de fietsende gek) verworven. Dat Schulte kan knallen heeft hij een jaar eerder al bewezen door het Wereldkampioenschap achtervolging te winnen. Merkenploegen zijn dan nog uit den boze. Aan de Ronde van Nederland doet een nationale ploeg mee met (links van Schulte) Gerrit Voorting, die in de jaren daarna furore zal maken in de Tour. Rechts van Schulte staan zijn ploeggenoten André de Korver, Joep Savelsberg en Jefke Janssen.

Twee grote artiesten zijn samengebracht op deze foto van Ben van Meerendonk. De strohoed is het handelsmerk van Lou Bandy (Lodewijk Dieben), een Haagse volksjongen, die tientallen jaren een gevierde revue-artiest is. Hij zingt hits als *Zoek de zon op* en *Louise, zit niet op je nagels te bijten*. Bandy is ook een van de eerste stand-up-comedians. Naast hem staat Leo Fuld, de grote vertolker van het Jiddische lied. Fuld gaat vlak voor het uitbreken van de oorlog op reis naar de Verenigde Staten en ontkomt daardoor aan het tragische noodlot van de rest van zijn familie. *My Yiddishe Mama* is het bekendste lied van Fuld, die nog samen met grootheden als Edith Piaf en Frank Sinatra op de *Bühne* zal staan.

☐ IISG, FOTO BEN VAN MEERENDONK

Hoog bezoek aan het Concertgebouw. Veldmaarschalk Bernard Montgomery, de grote Britse oorlogsheld, woont de wereldpremière bij van de *Lentesymphonie* van de Engelse componist Benjamin Britten, die zelf het orkest dirigeert. De belangrijkste deelnemers en bezoeken groeperen zich na afloop van het concert rond 'Monty'. Op de foto staan (van links naar rechts) Eduard van Beinum, de opvolger van Mengelberg als dirigent van het Concertgebouworkest, tenor Peter Pears, alt Kathleen Ferrier, de Engelse ambassadeur Sir Phillip Nichols en componist Benjamin Britten. De komst van Britten is een hoogtepunt van het Holland Festival, dat in 1947 voor het eerst wordt gehouden om in de grote vraag naar kunst te voorzien.

En komiek uit de Limburgse provincie vertrekt in 1942 naar Amsterdam om zijn artistieke geluk te beproeven. Zijn naam: Toon Hermans (links). Toon, afkomstig uit een aan lager wal geraakt bankiersgezin, heeft al vroeg belangstelling voor toneel en cabaret. In 1935 treedt hij op met een Limburgse revue. In Amsterdam heeft hij veel te danken aan impresario Floris Meslier (midden), die hem binnenhaalt bij het Theater Plezier en hem diverse optredens bezorgt in het radioprogramma *De Bonte Dinsdagavondtrein*. Hermans' ster zal rijzen door de onemanshows, die hij vanaf 1955 verzorgt. Als Toon voor de televisie optreedt, zijn de Nederlandse straten leeg. Wim Kan, Wim Sonneveld en Toon Hermans worden de Grote Drie van het Nederlandse cabaret.

Een vast onderdeel van de wielerwedstrijden in het Olympisch Stadion is de huldiging van de kersverse wereldkampioenen. Dit keer staat een zeer prominente coureur in de schijnwerpers. Fausto Coppi (uiterst links) is niet alleen de nieuwe titelhouder op het nummer achtervolging, maar heeft eerder dat jaar een bijzondere prestatie geleverd door zowel de Italiaanse Giro als de Tour de France te winnen. Zijn rivaliteit met de streng katholieke Gino Bartali en zijn buitenechtelijke affaire met de 'Witte Dame' Giulia Locatelli spreken ook in Nederland tot de verbeelding. Naast Coppi staan de andere wereldkampioenen: Elia Frosio (stayeren), Reginald Harris (sprint) en Henk Faanhof (amateurs op de weg) met stadiondirecteur Dick Bessems.

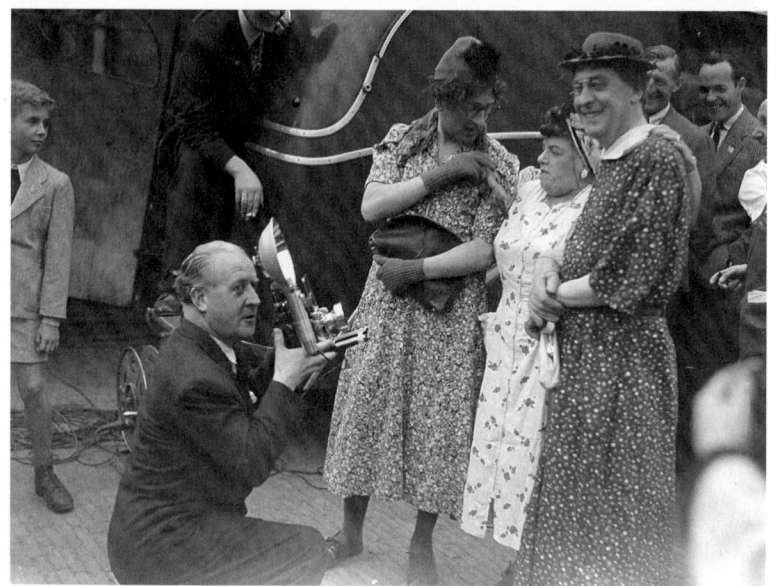

'**H**et is niet mijn broer, maar toch is het de zoon van mijn vader.' Met dit 'onoplosbare' raadsel trekken de komieken Willy Walden en Piet Muyselaar volle zalen tussen 1937 en 1977. Als het duo Snip & Snap maken ze in 1937 hun debuut voor de AVRO-microfoon, uiteraard in *De Bonte Dinsdagavondtrein*. Walden en Muyselaar zullen nooit meer ontsnappen aan Snip & Snap. De in dameskleren gestoken artiesten vormen het hart van de gelijknamige revue, waarmee impresario René Sleeswijk op tournee gaat door het land. Als belangrijkste tekstschrijver fungeert Jacques van Tol, de samensteller van het tijdens de oorlog beruchte *Zondagmiddagcabaret* van Paulus de Ruiter. Op een fotojournalistendag gaan de 'dames Snip & Snap' graag op de foto met Heintje Davids.

Aan het slot van de jaren '40 beschikt Ajax over een geduchte midvoor met killersinstinct. De sportleraar Rinus Michels speelt 269 wedstrijden en maakt 121 doelpunten voor de club uit De Meer. Toch zal Michels niet als voetballer in de herinnering blijven. Vanaf de jaren '70 maakt hij naam als een genadeloze voetbaltrainer, die – met Johan Cruijff als voornaamste vedette – grote successen behaalt met Ajax en Barcelona. Michels is de 'generaal' die in 1974 met Nederland tegen Duitsland zal stranden in de WK-finale van 1974. In 1988 krijgt het volk alsnog genoegdoening als Oranje onder Michels de Europese titel grijpt. Het latere generaalsregime is nog verre toekomst als Michels scoort in een wedstrijd tegen HBS (2-1).

Jan van Oudheusden

Kopstukken

Het beeld van de jaren '40 wordt bepaald door mensen van bijzonder formaat. Op wereldschaal zijn dat natuurlijk Adolf Hitler, Winston Churchill, Josef Stalin en Dwight D. Eisenhower. Maar ook in de Nederlandse verhoudingen zijn er personen die met kop en schouders uitsteken boven hun landgenoten – in positieve en in negatieve zin. In dit hoofdstuk passeren enkele tientallen de revue: van Anton Mussert en Meinoud Rost van Tonningen tot Willem Drees en Hubert van Mook. De kopstukken van de jaren '40...

Karel Lotsy, hier in militair uniform in het Feyenoordstadion tijdens de voetbalwedstrijd Nederland-Luxemburg op 31 maart 1940, is de bekendste sport-
bestuurder die Nederland heeft gekend. Niet alleen is hij voorzitter van de KNVB,
bestuurslid van het Nederlands Olympisch Comité en de wereldvoetbalorganisa-
tie FIFA, maar ook chef d'équipe bij de Olympische Spelen van '36 en '48. Tijdens de
bezettingsjaren is hij actief in het samenbrengen van de talrijke Nederlandse
sportbonden in eenheidsorganisaties, waarmee hij hoe dan ook de bezetter in de
kaart speelt. De zuiveringscommissie voor de sport zuivert hem na de oorlog van
alle blaam en spreekt zelfs waardering voor hem uit, maar Amsterdam ziet in 1997
alsnog aanleiding om de Karel Lotsylaan om te dopen tot Gustav Mahlerlaan naar
aanleiding van een publicatie over zijn loyale houding.

In 1934 had Henri Winkelman (links) ontslag genomen uit het leger omdat bij de benoeming van een nieuwe chef-staf de voorkeur is gegeven aan generaal Izaak Reynders. Wanneer deze in januari 1940 in conflict komt met minister A.Q.H. Dijxhoorn over het strategisch beleid, wordt Winkelman gevraagd alsnog het opperbevel te aanvaarden. Maar ook hij slaagt er niet in de Duitse inval te keren. Na het bombardement van Rotterdam beseft Winkelman, aan wie twee dagen eerder het regeringsgezag is overgedragen, dat verder verzet zinloos is en op 15 mei tekent hij de capitulatie van Nederland. Omdat hij verder niet met de bezetter wil samenwerken wordt hij op 2 juli gearresteerd. De gehele oorlog verblijft hij in Duitse gevangenschap. Hij overlijdt in 1952.

☐ BEELDBANK WO2 / NIOD, FOTO S. PRESSER

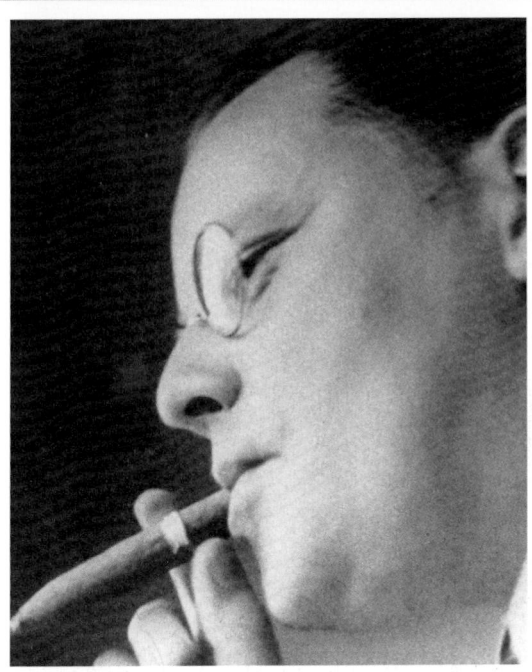

De schrijver Menno ter Braak, geëngageerd essayist, criticus en mede-oprichter van zowel de Filmliga als het invloedrijke literaire tijdschrift *Forum*, is een toonaangevende intellectueel in het vooroorlogse Nederland. Over het leven onder Duitse bezetting koestert hij geen enkele illusie. Meteen na de Duitse inval probeert hij nog om via Scheveningen naar Engeland te ontkomen, maar vergeefs. Als Nederland op 14 mei capituleert, beneemt hij zich het leven. Aangezien hij in de vooroorlogse jaren mede-oprichter en actief lid van het *Comité van Waakzaamheid* tegen het nationaal-socialisme is geweest en steunpilaar van verdreven Duitse auteurs – ook al benadert hij sommigen van hen uitermate kritisch – beseft Ter Braak maar al te goed het lot dat hem te wachten staat.

Als in juli 1940 achthonderd Rotterdamse kinderen vertrekken voor een door de bezetter georganiseerde vakantie in Oostenrijk, worden ze uitgezwaaid door Rijkscommissaris Seyss-Inquart. Ook de Rotterdamse burgemeester mr. P.J. (Pieter) Oud (rechts) is daarbij. De kritiek van de NSB, die vindt dat hij als burgemeester niet meegaand genoeg is, doet Oud in oktober 1941 besluiten zijn ontslag in te dienen. In mei 1945 keert hij terug als burgemeester en tot 1952 geeft hij leiding aan de wederopbouw van Rotterdam. Ook hervat hij zijn werk als Kamerlid. Zijn partij, de Vrijzinnig Democratische Bond, gaat op in de PvdA, maar Oud voelt zich daarin niet thuis. In 1948 richt hij met Dirk Stikker de Volkspartij voor Vrijheid en Democratie op en wordt daarvan de politieke leider.

☐ BEELDBANK WO2 / NIOD

Hij is een groot bewonderaar van de Italiaanse leider Benito Mussolini en kijkt met verachting neer op de 'burgerlijke' NSB van Anton Mussert. Arnold Meijer, hier gefotografeerd op zijn thuisbasis in het Brabantse Oisterwijk, had in 1934 het rechts-revolutionaire, antisemitische en antikapitalistische Zwart Front opgericht. De geringe aanhang die hij had, kalft na een veroordeling door de Nederlandse bisschoppen nog verder af. Als de verkiezingsuitslag van 1937 het Zwart Front ontmaskert als een echte splinterpartij, gooit Meijer het over een andere boeg. Van revolutionair moet Zwart Front respectabel worden. In 1940 wordt de partij omgedoopt tot Nationaal Front. Als Meijer in de bezettingstijd blijft pogen een weliswaar fascistische, maar zelfstandige Nederlandse koers te varen, wordt zijn beweging door de Duitsers verboden.

Z elfs van zijn huwelijk met Florentine Heubel in 1940 maakt Meinoud Rost van
Tonningen nog een politieke demonstratie. Hij is dan ook een fanatieke nazi
en wel zodanig dat hij ook binnen zijn partij, de NSB, forse weerstanden oproept.
Zijn pogingen om tijdens de bezettingstijd de socialistische organisaties in de
nieuwe orde in te passen zijn niet erg succesvol. Als president van De Nederlandsche Bank laat hij miljarden naar Duitsland wegvloeien. Zijn economische collaboratie heeft ook betrekking op het uitzenden van Nederlandse boeren naar Oost-
Europa. In mei 1945 wordt hij door de Canadezen gearresteerd. Een maand later
pleegt hij zelfmoord of, zoals sommigen menen, wordt hij tot zelfmoord gedre-
ven.

Na de Olympische Spelen van Berlijn, waar hij bronzen medailles won op de 100 en de 200 meter sprint, wordt Tinus Osendarp in Nederland een zeer populaire sporter. Maar dat verandert als Osendarp blijk geeft van sympathie voor het nationaal-socialisme. In 1941 sluit hij zich aan bij de NSB, vervolgens ook bij de Nederlandse SS. Nadien wordt hij bij sportwedstrijden vaak onthaald op een fluit-concert vanuit het publiek. In 1940 heeft hij dienst genomen bij de Haagse gemeentepolitie, maar de Duitsers beseffen zijn bruikbaarheid voor propagandis-tische doeleinden – zoals blijkt uit deze foto van een ontmoeting met Rijkscom-missaris Seyss-Inquart en diens persoonlijk *Referent* dr. Hermann Harstor – en stellen hem aan bij de *Sicherheitspolizei*. Zijn voorbeeldrol bezorgt hem na de oor-log een gevangenisstraf van twaalf jaar.

W anneer het Amsterdamse fotopersbureau *Stapf Bilderdienst* in de zomer van 1941 op het NSB-hoofdkwartier aan de Utrechtse Maliebaan een foto komt maken van 'de Leider' Anton Mussert, wordt deze omwille van de fotogeniek bevonden achtergrond aan het bureau van zijn secretaresse Stien Bilderbeek geplaatst. De stoel waarop Mussert zit, voorzien van het logo van zijn partij, staat thans in het Oorlogs- en Verzetsmuseum in Overloon. Anton Mussert wordt weliswaar in 1942 aangesteld als leider van het Nederlandse volk, maar Hitler en de SS zien hem als een onbeduidende figuur in wie zij geen enkel vertrouwen hebben. Mussert blijft echter tot het einde loyaal aan de bezetters. Hij wordt veroordeeld voor landverraad en in mei 1946 op de Waalsdorpervlakte gefusilleerd.

□ BEELDBANK WO2 / NIOD

N a de Duitse inval in de Sovjet-Unie worden ook Nederlandse vrijwilligers geronseld. De felle nationalist en anti-communist Hendrik Seyffardt, voor de oorlog chef van de generale staf en lid van de NSB, wordt aangesteld als commandant van het Nederlandse Legioen. Hij is echter een marionet van de bezetter, zonder feitelijke zeggenschap. De SS maakt de dienst uit en Seyffardt rest niet veel meer dan ceremoniële taken zoals hier op 11 oktober 1941 de uitreiking van een vaandel aan een vertrekkend WA-bataljon. Voor de illegaliteit maakt dat echter geen verschil. Als symbool van het landverraad wordt hij op 5 februari 1943 in zijn huis neergeschoten door leden van de verzetsgroep CS-6. Een dag later overlijdt hij aan zijn verwondingen.

*H*et *Parool* noemt hem tijdens zijn proces voor het Bijzonder Gerechtshof te Arnhem 'een van de meest beruchte menschenjagers in ons land.' Jacob Eduard Feenstra was inderdaad een fanatieke nazi. In het begin van de bezetting is hij 'heerbanleider' in Den Haag van de WA, de knokploeg van de NSB. Nadien wordt hij aangesteld als marechaussee-commandant in Arnhem en omgeving. Minstens negentien personen, onder wie tien joden worden door hem gearresteerd en overgedragen aan de *Sicherheitspolizei*. Voortdurend spoort hij zijn ondergeschikten aan om onderduikers, joden en illegalen op te sporen. Tijdens zijn proces geeft hij zijn daden zonder meer toe. Hij was geprikkeld, zo zei hij, door aanslagen van het verzet op zijn kameraden, zoals Seyffardt. Eind augustus 1946 wordt zijn doodvonnis voltrokken.

Dr. Arthur Seyss-Inquart, hier met NSB-leider Anton Mussert en daarachter SS-er Hanns Albin Rauter, is door Hitler benoemd tot leider van het Duitse burgerlijk bestuur in Nederland. Zijn taak is het om rust en orde te bewaren, om de Nederlanders enthousiast te maken voor het nationaal-socialisme en tegelijk om het land in te schakelen bij de Duitse oorlogsindustrie. Seyss-Inquart is een ontwikkeld man met grote belangstelling voor kunst en cultuur. Hij schrikt echter niet terug voor meedogenloos optreden als hij daar aanleiding voor ziet. De bevol-

king heeft geen enkele sympathie voor deze Oostenrijkse nazi. Omdat hij mank loopt, als gevolg van een ongeval bij het bergbeklimmen, wordt hij spottend zes-en-een-kwart genoemd. Als een van de nazi-kopstukken wordt hij in Neurenberg tot de strop veroordeeld.

Voetbalwedstrijden tussen Nederland en België gaan ook in de oorlog gewoon door, zij het niet in De Kuip of in de Hel van Deurne, maar in Londen. Op 12 december 1942 ontmoet minister-president P.S. Gerbrandy enkele spelers van 'het' Nederlands elftal. Gerbrandy heeft in mei 1940 als minister van Justitie de oversteek naar Londen gemaakt, maar al in september zet koningin Wilhelmina de weinig vastberaden minister-president De Geer aan de kant en vervangt hem door Gerbrandy. De koningin weet dat deze haar opvatting, namelijk dat de Duitsers tot het bittere eind bestreden moeten worden, volkomen deelt. Omdat Gerbrandy zich door Wilhelmina gesteund weet, trekt hij regelmatig zijn eigen plan, wat meer dan eens leidt tot irritatie en conflicten binnen de regering in ballingschap.

☐ NATIONAAL ARCHIEF, ANEFO, FOTO PLANET NEWS

De Joodse Raad is een voorbeeld van het dilemma waarin bestuurders tijdens de bezetting komen te verkeren: al dan niet meewerken aan Duitse maatregelen in de – achteraf gezien vergeefse – hoop om erger te voorkomen. David Cohen, hoogleraar Oude Geschiedenis aan de Universiteit van Amsterdam, is met de diamantair Abraham Asscher voorzitter van die Raad. En met overtuiging: hij meent dat verzet van joden zich uiteindelijk tegen hen zal keren. Hier komt hij poolshoogte nemen tijdens de razzia van 20 mei 1943 in Amsterdam, waarbij ruim 5500 joden worden opgepakt. Uiteindelijk wordt Cohen zelf gedeporteerd naar Theresienstadt. Hij overleeft de oorlog, maar zijn coöperatieve houding wordt hem in joodse kring nadien zwaar aangerekend. Hij overlijdt in 1967.

Als de bezetters in 1942 1260 vooraanstaande Nederlanders in gijzeling nemen om de illegaliteit van verzetsdaden af te houden, is als vanzelfsprekend ook prof. dr. Jan de Quay daarbij. Hier bekijkt hij een portret dat kunstenaar Karel van Veen in het gijzelaarskamp Beekvliet van hem maakte. De katholieke intellectueel De Quay krijgt in 1940 landelijke bekendheid als lid van het driemanschap van De Nederlandse Unie, die een tegenwicht wil bieden aan de invloed van de NSB. Na de bevrijding van het Zuiden in de herfst van 1944 wordt De Quay weer bestuurlijk actief, aanvankelijk in de economische wederopbouw, vanaf april 1945 als minister van Oorlog in het tweede kabinet-Gerbrandy. In 1946 wordt hij Commissaris van de Koningin in Noord-Brabant.

☐ BEELDBANK WO2 / NIOD

Hendrik Colijn, in de jaren '30 minister-president van maar liefst vijf kabinetten, levert in de meidagen van 1940 stevige kritiek op het besluit van de regering om naar Engeland uit te wijken. Hij verwoordt zijn opvattingen in de brochure *Op de grens van twee werelden*, waarin hij oproept het leiderschap van Duitsland in Europa als onvermijdelijk te erkennen. Na een paar weken komt hij op zijn woorden terug en begint vervolgens het verzet tegen de Duitsers te steunen. Om die reden wordt hij door de bezetter gevangen genomen en naar Duitsland gebracht, eerst naar Berlijn, later naar Thüringen. Daar wordt in 1944 deze foto genomen van hem en zijn echtgenote Helena Groenenberg. Hij overlijdt er in september van dat jaar.

De kunstenaar Gerrit-Jan van der Veen groeit in de bezettingstijd uit van een wat timide man tot een centrale figuur in het kunstenaars-verzet. Hij is betrokken bij het illegale contactblad *De Vrije Kunstenaar* en mede-oprichter van de Persoonsbewijzencentrale die uiteindelijk tienduizenden vervalste documenten levert aan de illegaliteit. Van der Veen schrikt evenmin terug voor fysiek gevaar. Hij neemt deel aan de aanslag op het Amsterdamse bevolkingsregister in 1943 en de overval op de Haagse Landsdrukkerij in april 1944 die 10.000 blanco persoonsbewijzen oplevert. Een dag later raakt hij zwaar gewond tijdens een bevrijdingsactie in het Amsterdamse Huis van Bewaring. Kort nadien wordt hij gearresteerd en op 10 juni 1944 in de duinen bij Overveen, ondersteund door zijn kameraden, gefusilleerd.

Deze foto van Hannie Schaft in gevangenschap moet zijn genomen in de vier weken tussen 21 maart 1945 – als zij bij een wegversperring wordt aangehouden met illegale kranten en een pistool in haar fietstas – en 17 april, de dag dat zij in de duinen van Overveen wordt gefusilleerd. Hannie Schaft, door de gelijknamige en later ook verfilmde roman van Theun de Vries bekend geworden als 'het meisje met het rode haar', sluit zich in juni 1943 aan bij de Haarlemse afdeling van de Raad van Verzet. Ze doet koeriersdiensten en is betrokken bij sabotageacties en liquidaties van nazi-helpers. Na haar aanhouding duurt het enige tijd voor de Duitsers beseffen wie hun arrestant is. Hun ontdekking wordt haar fataal.

De arrestatie van de journalist Max Blokzijl op 9 mei 1945, slechts drie dagen nadat hij het laatste van zijn ruim 800 radiopraatjes heeft gehouden. Hij was daarmee begonnen in 1941. De gehele bezetting door verkondigt hij in zijn serie 'Brandende kwesties' of in het 'politiek weekoverzicht' op subtiele wijze, maar daarom niet minder fanatiek, zijn geloof in de Nieuwe Orde of zijn afkeer van Engeland en de communisten. Zelfs zijn laatste radiovoordracht, nota bene een dag na de Duitse capitulatie, wil hij afsluiten met het gebruikelijke 'tot morgen 7 uur 20, luisteraars'. In plaats daarvan eindigt hij met de woorden 'Wij komen terug, luisteraars!'. Voor hemzelf geldt dat niet: hij wordt op 16 maart 1946 terechtgesteld.

☐ BEELDBANK WO2 / NIOD

Willem Schermerhorn, hier in jacquet en met hoge hoed in een open auto naast de Amerikaanse generaal Dwight D. Eisenhower, wordt in juni 1945 minister-president van het eerste naoorlogse kabinet. Schermerhorn is voor de oorlog al actief in de antifascistische en anticommunistische beweging 'Eenheid door Democratie'. Mede daarom wordt hij vastgezet in het gijzelaarskamp Beek-vliet. Nadien is hij betrokken bij verschillende verzetsactiviteiten. Als voorzitter van de Nederlandse Volksbeweging en mede-oprichter van de Partij van de Arbeid is Schermerhorn een groot voorstander van de doorbraakgedachte die een eind wil maken aan de verzuiling in Nederland. Maar de vooroorlogse verhoudingen keren snel weer terug en zijn begrip voor het onafhankelijkheidsstreven van Indo-nesië maakt vervolgens van Schermerhorn in korte tijd een omstreden politicus.

Het 'tientje van Lieftinck' maakt dat voor één keer alle Nederlanders even rijk zijn. Het duurt maar een week en is onderdeel van een geldzuivering door minister van Financiën Piet Lieftinck. Om zwarthandelaren hun illegale winsten te ontnemen, maar ook om de geldhoeveelheid af te stemmen op de sterk geslonken voorraad goederen, wordt op 26 september 1945 alle papiergeld ongeldig verklaard. Alleen wie kan aantonen dat hij eerlijk aan zijn geld is gekomen, kan zijn tegoeden na 3 oktober omwisselen tegen nieuw geld. In de tussenliggende week is per Nederlander niet meer beschikbaar dan vijf papieren guldens en twee rijksdaalders, om te wisselen tegen eigen geld, dat wel.

Hubert van Mook is met alle vezels verbonden aan zijn geboorteland Indië, waar hij ook zijn jeugd doorbracht. Na zijn studie Indologie in Leiden volgt een ambtelijk-bestuurlijke loopbaan in Indië. Energiek en bekwaam bereikt hij de positie van luitenant gouverneur-generaal, waarbij hij zich onderscheidt in uitputtende onderhandelingen met Japan. In november 1941 wordt hij minister van Koloniën in het kabinet-Gerbrandy, maar blijft in Indië en later Australië om er de Nederlands-Indische belangen te behartigen. In de naoorlogse chaos van Indonesië probeert hij als hoogste Nederlandse gezagsdrager zijn progressieve ideeën over de toekomst van het gebied te realiseren. Zijn eigenmachtig optreden wordt hem in het moederland niet in dank afgenomen. In 1948 vraagt en krijgt hij daarom zijn ontslag.

Tijdens de bezetting is in het natuurkundig laboratorium van Philips in Eindhoven clandestien een radiozender gebouwd. Na de bevrijding wordt deze
in gebruik genomen door Radio Herrijzend Nederland. Op 22 december 1945 richt
koningin Wilhelmina via de zender een kerstboodschap aan het Nederlandse volk.
Daarmee zet zij een traditie voort van radioredes die begonnen is in de bezettingsjaren. In zelfgekozen bewoordingen, niet gecontroleerd door de regering, steekt
zij via de Londense zender van Radio Oranje de Nederlanders met grote regelmaat
een hart onder de riem. In totaal houdt zij zesendertig toespraken vanuit Londen.
Na de oorlog meent zelfs de communistische voorman Paul de Groot dat niets de
stemming in bezet gebied zo heeft beïnvloed als de redevoeringen van koningin
Wilhelmina.

☐ NATIONAAL ARCHIEF, ANEFO, FOTO MEIJER

J an de Jong, in 1936 benoemd tot aartsbisschop van Utrecht, is een geleerde en eigenlijk afkerig van openbaar optreden. De tijdsomstandigheden dwingen hem echter tot een strijdbare opstelling. Al kort na zijn aantreden en nog eens in 1941 verklaren de bisschoppen dat het lidmaatschap van de NSB voor katholieken ongeoorloofd is. In de zomer van 1941 schrijft De Jong een protest tegen de nazifi-catie van katholieke organisaties als het Roomsch-Katholiek Werklieden Verbond, en jaar later ook tegen de anti-joodse maatregelen van de bezetter. Het is vooral de zorg om het mogelijk uiteenvallen van de katholieke zuil in Nederland die de aartsbisschop tot zijn standpunten brengt. Om diezelfde reden verzet hij zich na de oorlog tegen vernieuwingen en politieke doorbraak.

Het is wennen voor prins Bernhard na de enerverende oorlogsjaren. Hij heeft zich kunnen uitleven in zijn passie voor het vliegen, ook met gevaarlijke missies boven bezet gebied, hij heeft zich in Londen nuttig kunnen maken als vertrouweling van koningin Wilhelmina en als verbindingsofficier tussen de Nederlandse regering en het Britse War Office. Als bevelhebber van de Binnenlandse Strijdkrachten heeft hij een wezenlijke bijdrage geleverd aan de bevrijding van Nederland en is hij betrokken bij de Duitse capitulatie in Wageningen. Het duurt vervolgens even voor hij zijn draai heeft gevonden als *goodwill*-ambassadeur voor het Nederlandse bedrijfsleven. In de tussentijd vermaakt hij zich met bijvoorbeeld jachtpartijen, zoals in oktober 1946 in Zweden, als gast van de Zweedse koning Gustaaf V.

☐ NATIONAAL ARCHIEF, ELSEVIER, FOTO BOUWMEESTER

V óór, tijdens en na de oorlog wordt het buitenlands beleid van Nederland bepaald door de onberispelijke diplomaat mr. E.N. van Kleffens, hier links op de foto, terwijl hij bij de Verenigde Naties in New York de hand schudt van de Franse gezant Alexandre Parodi. Van Kleffens is van 1939 tot 1946 minister van Buitenlandse Zaken. Hij is een van de meest standvastige ministers in de Londense regering en heeft daarom ook internationaal veel aanzien. Van Kleffens' beleid is gericht op samenwerking: al in 1943 bepleit hij een Atlantisch pact, in juni 1945 ondertekent hij het verdrag tot oprichting van de Verenigde Naties. Nadien vertegenwoordigt hij Nederland bij de Veiligheidsraad en is hij buitengewoon en gevolmachtigd ambassadeur in Washington.

In februari 1947 wordt Ans van Dijk door het Bijzonder Gerechtshof ter dood veroordeeld omdat zij in de bezettingsjaren meer dan honderd, voornamelijk joodse onderduikers heeft verraden. Ans van Dijk is zelf ook joods. Na haar arrestatie in 1943 verklaart zij zich bereid om voor de *Sicherheitsdienst* (SD) te gaan werken. Ze doet zich voor als illegaal werker die kan zorgen voor onderduikadressen en valse persoonsbewijzen. Op die manier lokt ze talrijke joden naar haar huis in de Amsterdamse rivierenbuurt, waar deze op straat worden gearresteerd. Onder hen is ook haar broer met zijn familie. Ans van Dijk staat op 13 januari 1948 voor het vuurpeloton. Zij is de enige Nederlandse vrouw van wie het naoorlogse doodvonnis daadwerkelijk wordt voltrokken.

☐ IISG, FOTO BEN VAN MEERENDONK

De katholiek Louis Beel schiet na de oorlog als een komeet de Nederlandse politiek binnen. De foto is van mei 1947, wanneer hij als minister-president naar Nederlands-Indië vertrekt om zich persoonlijk van de situatie daar op de hoogte te stellen. Een jaar later, nadat Willem Drees premier is geworden, krijgt Beel de hoogste bestuursfunctie in Indië als opvolger van de in ongenade gevallen luitenant gouverneur-generaal Van Mook. Voor de rechtlijnige bestuurder is het verzet van republikeinen op Java reden om de regering dringend te adviseren een tweede politionele actie te beginnen. Militair een succes, maar politiek een mislukking: onder internationale druk moet Nederland terug naar de onderhandelingstafel. Als daar aan de republikeinen concessies worden gedaan legt Beel zijn functie neer.

1947

'**S**chrikbarend', 'naar-geestig', 'nihilistisch'. *De Avonden*, het romandebuut van Gerard Kornelis (pseudoniem: Simon) van het Reve uit 1947, wordt bij verschijnen bepaald niet enthousiast ontvangen. Critici reageren geschokt op het wereldbeeld dat wordt geschilderd van Frits van Egters, 'de held van deze geschiedenis'. Deze verdrijft de verveling van zijn monotone bestaan met zelfanalyse en met venijnige observaties van zijn omgeving, zijn ouders in de eerste plaats. Voor sommigen geeft deze roman een ontluisterend beeld van de naoorlogse generatie, maar uit het succes van het boek blijkt dat veel jongeren zich er in herkennen. Uiteindelijk wordt *De Avonden* algemeen erkend als een van de grote klassiekers van de naoorlogse letterkunde en Gerard (van het) Reve als een van de belangrijkste Nederlandse schrijvers.

De communist Gerben Wagenaar, hier te zien tijdens een toespraak op het zomerfeest van de Communistische Partij Nederland in Birkhoven in september 1947, is in de oorlogsjaren een van de belangrijkste figuren in de Nederlandse verzetsbeweging. De brede waardering die hem dat oplevert blijkt wel uit het feit dat hij nadien zowel een ministerspost in het eerste naoorlogse kabinet als een functie in de staf van prins Bernhard krijgt aangeboden. Beide weigert hij om partijpolitieke redenen. Wagenaar wordt Kamerlid voor de CPN en vervolgens ook partijvoorzitter. Weliswaar is niet hij, maar secretaris Paul de Groot de machtigste man binnen de CPN, maar Wagenaar is wel het boegbeeld van de partij. Bij verkiezingen is hij lijsttrekker en tot 1952 ook fractievoorzitter.

Haar familie meent dat ze met haar korte, gedrongen gestalte en haar merkwaardige stemgeluid ongeschikt is voor het theater. Maar Henriëtte ofwel Heintje Davids denkt daar zelf anders over. Vanaf 1907 maakt ze carrière als komisch revuezangeres. Ze treedt op met haar broer Louis en heeft een rol in de speelfilm *De Jantjes* uit 1934. Omdat ze joods is, moet ze tijdens de bezetting onderduiken. Als enige van haar familie overleeft ze de oorlog. Afscheid nemen van het publiek valt haar zwaar. Nadat Heintje Davids in 1954 officieel van de Bühne is gestapt, maakt ze spoedig haar comeback. Tot in de jaren '60 blijft ze optreden, al verklaart ze steeds dat het nu écht de laatste keer is.

☐ NATIONAAL ARCHIEF, ANEFO, FOTO SNIKKERS

De oorlogsjaren brengt hij in Amerika door en bovendien heeft hij de dage-lijkse leiding over het bedrijf al in 1939 overgedragen aan zijn schoonzoon Frans Otten en zijn zoon Frits. Maar Eindhoven is Anton Philips niet vergeten. Ten-slotte is hij het geweest die het gloeilampenfabriekje van zijn vader en broer heeft uitgebouwd tot een elektronicaconcern van wereldformaat. En daarmee heeft hij ook Eindhoven groot gemaakt, niet alleen door zijn bijdrage aan de werkgelegen-heid, maar ook met woningbouw, sportvoorzieningen en verenigingsleven, uiter-aard allereerst bedoeld om zijn medewerkers aan het bedrijf te binden. Dat de Eindhovenaren dat waarderen blijkt wel heel duidelijk op 9 juni 1948 bij de viering van zijn vijftigjarig huwelijk met Anna de Jongh.

Bij de naoorlogse berechting krijgen 'foute' Nederlanders aanvankelijk meer aandacht dan Duitsers. Onder deze laatste is wel *General der Flieger* F.C. Christiansen, van mei 1940 tot april 1945 bevelhebber van de *Wehrmacht* in Nederland. In die functie is hij onder meer verantwoordelijk voor de executie van gijzelaars uit Haaren en Beekvliet en eveneens voor de gruwelijke razzia op het Veluwse dorp Putten op 1 en 2 oktober 1944 die uiteindelijk meer dan vijfhonderd inwoners het leven kost. In 1948 wordt de generaal in Arnhem daarvoor – met verwijzing naar zijn hoge leeftijd – veroordeeld tot 'slechts' twaalf jaar gevangenisstraf. Maar al in 1951 komt hij vervroegd vrij. Het zal echter nog 21 jaar duren alvorens hij op 92-jarige leeftijd overlijdt.

☐ IISG, FOTO BEN VAN MEERENDONK

Op 3 augustus 1948 is hij daar ineens in levende lijve: de stripheld Kapitein Rob, op de Dam in Amsterdam, samen met zijn hondje Skip gezeten op de motorkap van de redactieauto van *Het Parool*. De drukte om hem heen bewijst de populariteit van de stripfiguur, alle verhalen van bezorgde opvoeders over de vermeende verderfelijke invloed van strips ten spijt. In december 1945 gaat in de voormalige verzetskrant *Het Parool* het eerste avontuur van Kapitein Rob van start. Bedenker en tekenaar is Pieter Kuhn, al snel in samenwerking met journalist Evert Werkman. Tot 1961 verschijnen in *Het Parool* in totaal 73 avonturen van Kapitein Rob. Ook de boekjes van de strips die de krant uitgeeft, vinden gretig aftrek.

Gerard Cox's liedje *1948* was een bewerking van een populaire hit van Gilbert O'Sullivan. 'Fanny Blankers-Koen won vier maal goud in Londen. Als je jokte, was dat zonde', zo zingt Gerard. Tijdens de Olympische spelen van 1948 in Londen is Fanny Blankers-Koen al dertig jaar oud en moeder van twee kinderen. Maar dat verhindert de 'vliegende huisvrouw' niet om gouden medailles te winnen op de 100 meter, de 200 meter, de 80 meter horden en de 4x 100 meter estafette. Toch verrast het haar dat ze bij thuiskomst door een enthousiaste onthaald wordt. Haar Amsterdamse buurtgenoten geven haar een fiets, 'omdat ze nu wel lang genoeg gelopen had'. Met man en kinderen bekijkt ze de medaille-oogst.

☐ IISG, FOTO BEN VAN MEERENDONK

Op 19 december 1947 gaat de tweede 'politionele actie' van Nederlandse soldaten tegen de Indonesische onafhankelijkheidsstrijders van start. Twaalf
dagen later bekijkt generaal Simon Spoor (rechts), bevelhebber van de Nederlandse troepen in Indonesië, vanuit een vliegtuig het verloop van de luchtlandingsope-
raties op Midden-Java. Militair gezien is de actie succesvol. De nationalistische leiders Soekarno en Hatta worden gearresteerd. Maar internationale kritiek op deze
koloniale oorlog dwingt Nederland de wapens neer te leggen. Sommige Nederlandse officieren neigen dan tot rebellie, maar Spoor overtuigt hen van de noodzaak het beleid van de burgerlijke autoriteiten te aanvaarden. In mei 1949, op de
dag dat hij wordt bevorderd tot vier-sterrengeneraal, wordt Simon Spoor ernstig
ziek. Twee dagen later overlijdt hij op 47-jarige leeftijd in Batavia.

Een van zijn kenmerkende uitspraken luidt: 'niet alles kan, en zeker niet alles tegelijk'. De PvdA-politicus Willem Drees, vanaf 1948 tien jaar lang minister-president van rooms-rode coalitiekabinetten, is met zijn spreekwoordelijke eenvoud en soberheid het symbool bij uitstek van de jaren van schaarste en hard werken die Nederland er na de oorlog weer bovenop moeten brengen. Maar Willem Drees is ook een van de architecten van de verzorgingsstaat. De Noodwet Ouderdomsvoorziening, voorloper van de AOW, die hij in 1947 als minister van Sociale Zaken voorstelt, maakte 'vadertje Drees' mateloos populair. In januari 1949 wordt hij op Schiphol, na terugkeer uit Indonesië, waar hij de toestand na de tweede politionele actie heeft besproken, begroet door zijn collega's Lieftinck (midden) en Van Maarseveen (links).

☐ IISG, FOTO BEN VAN MEERENDONK

Zo heeft hij het zich voorgesteld. Wegens vliegangst wil Abe Lenstra in 1949 niet met het Nederlands elftal door de lucht naar Denemarken en Finland reizen voor twee interlandwedstrijden, maar met de eigen auto. Als dat van de KNVB niet mag, wil Lenstra plots helemaal niet meer. Hij is naar eigen zeggen geblesseerd, dus hij zal toch niet kunnen spelen. Maar in de jaren '40 heeft gezag nog inhoud. Dus krijgt Abe Lenstra simpelweg te horen dat hij maar te vertrekken heeft. En wel per trein, samen met de KNVB-official Mommers. In Kopenhagen, waar hij per auto naar toe gaat, zet de stervoetballer de kont tegen de krib. Eenmaal scoort hij, 'maar heeft daarna', aldus het verslag van de bondscoach, 'practisch niet meer aan het spel deelgenomen'.

De tweede politionele actie van Nederland in Indonesië roept internationale reacties los, onder meer gericht tegen de Nederlandse belangen in scheepvaart en luchtvaart. Koos Vorrink, partijvoorzitter van de PvdA, probeert bij verwante partijen in de Socialistische Internationale begrip te kweken voor het militair optreden van Nederland. In januari 1949 reist hij naar Noorwegen om de regering daar, op dat moment vertegenwoordigd in de Veiligheidsraad, over te halen de Nederlandse actie te steunen. De als geheim bedoelde missie komt uit doordat het vliegtuig van Vorrink boven Denemarken verongelukt, waarbij de piloot en de telegrafist omkomen en hijzelf zwaar gewond raakt. Pas in juli is hij voldoende hersteld om naar Nederland terug te keren. Op Schiphol wordt hij door aanhangers enthousiast onthaald.

☐ NATIONAAL ARCHIEF, ANEFO, FOTO BEN MERK

Dirk U. Stikker is zijn carrière begonnen als bankier, wordt vervolgens directeur bij Heineken en raakt uiteindelijk via werkgeversorganisaties en de
Stichting van de Arbeid in de politiek verzeild. In 1945 is hij betrokken bij de oprichting van de liberale Partij van de Vrijheid, waarvan hij voorzitter wordt. Drie jaar
later gaat zijn partij op in de VVD, en ook daarvan wordt Stikker partijvoorzitter. In
september 1948 wordt hij minister van Buitenlandse Zaken in het kabinet Drees.
Uiteraard gaat zijn meeste tijd op aan de Indonesische kwestie, maar daarnaast is
er de Europese samenwerking, zoals in de Organisatie voor Europese Economische Samenwerking. Hier vertegenwoordigt hij Nederland bij een vergadering
van de Raad van Europa in Straatsburg in augustus 1949.

Zijn tegendraadse karakter heeft Henri ofwel 'Hakkie' Holdert in 1932 er toe gebracht zich aan te sluiten bij de NSB. In 1941 neemt hij dienst bij de *Waffen-SS* en vecht met fanatisme aan het Oostfront. Bij terugkeer stelt zijn vader hem aan als zakelijk directeur van *De Telegraaf*. In het najaar van 1944 wordt hij ook hoofdredacteur van de Duitsgezinde krant. De Commissie voor de Perszuivering veroordeelt hem na de oorlog tot de maximale straf van twintig jaar ontzetting. Op 29 september 1949 brengt een arrestantenwagen hem naar het Bijzonder Gerechtshof in Amsterdam, waar hij wordt veroordeeld tot twaalf jaar gevangenisstraf en inbeslagname van zijn vermogen, onder meer omdat hij een anti-Duitse medewerker van *De Telegraaf* heeft aangegeven.

☐ IISG, FOTO BEN VAN MEERENDONK

JACQUES LUYCKX

Kleine berichten

De kranten staan er vol van en de berichten worden vaak het eerst gelezen: alledaags en opvallend nieuws, van ongelukken, ontroerende gebeurtenissen en opmerkelijke prestaties tot de geboorte van een vierling en het overlijden van een bijzondere Nederlander. Ook in dit boek ontbreken de kleine berichten niet, want ze relativeren het wereldnieuws en brengen ons terug bij de waan van de dag.

Hij werd geboren als Johan Buziau (1877-1958), maar als onbetwist de populairste komiek van voor de Tweede Wereldoorlog volstond Buziau. Na eerst triomfen te hebben gevierd bij het Eerste Nederlandse Revue Gezelschap van Henri ter Hall groeit hij uit tot de grote ster van de befaamde *Bouwmeester-revue*. Op deze foto zien we Buziau achter de schermen gereed staan om op te treden met altijd datzelfde witgeschminkte gezicht. Met zijn onverstoorbare gelaatsuitdrukking en karakteristieke hese stem steelt hij de show met de meest uiteenlopende typetjes, in kolderieke sketches, humoristische conferences, zang en dans. In de zomer van 1942 wordt Buziau als een van de prominente Nederlanders door de Duitse bezetters gedetineerd in het gijzelaarskamp in Haaren. Hij wordt vrij spoedig weer vrijgelaten, maar treedt daarna nooit meer op.

Kruiend ijs is in de loop der jaren herhaaldelijk een bedreiging geweest voor de vuurtoren van Marken. Een flinke vorstperiode wordt, als het daarna hard gaat waaien, steevast gevolgd door kruiend ijs. Zo ook in januari 1940 tijdens een van de strengste winters van de afgelopen eeuw. De opeengestapelde ijsschotsen van soms wel meer dan een halve meter dik reiken tot de dakrand, al zijn de gevolgen minder desastreus dan in 1879 toen de aangebouwde wachterswoning gedeeltelijk door het ijs werd verwoest. Maar een strenge winter betekent eveneens veel schaatsplezier. Onder de velen die op de Gouwzee vrolijk hun rondjes draaien bevinden zich op 23 januari 1940 ook koningin Wilhelmina en prinses Juliana.

Op de dag dat voor Nederland de Tweede Wereldoorlog begint, 10 mei 1940, wordt Middelburg zwaar gebombardeerd. De verwoestingen zijn groot, vooral in de binnenstad. Tal van panden gaan verloren of worden zwaar beschadigd, zoals op deze foto het prachtige stadhuis van Zeelands hoofdstad. De toren wordt onthoofd, het dak stort in en ook verder loopt het gebouw ernstig letsel op. Kort na het bombardement wordt op de Markt begonnen met puinruimen. Daarna volgt herstel. 'Het stadhuis zal in de toekomst nog mooier worden dan het reeds was', beloven de autoriteiten. Maar alle herbouw en restauratie ten spijt, het verlies van vele tientallen historische pandjes met hun zestiende-, zeventiende- en achttiende-eeuwse gevels kan niet worden goedgemaakt.

☐ BEELDBANK WO2 / NIOD

De Haagse hoofdcommissaris van politie N.G. van der Mey is een vooruitstrevend politieman. Om zijn manschappen 'van het een en ander op de hoogte te brengen' maakt hij gebruik van een grammofoon. Rond dit apparaat geschaard kunnen de korpsleden op de verschillende bureaus naar de instructies van hun hoogste chef luisteren. Lang zal dat niet duren, want op 8 september 1940 wordt Van der Mey ontslagen en vervangen door de NSB-er mr. P.M.C.J. Hamer, die van de politieambtenaren op straffe van ontslag eist voor de nieuwe orde te kiezen. Dat wil zeggen: dienstbaar te zijn aan de bezetter. Toch wordt maar 9 procent van de 1900 politiemensen lid van het nationaal-socialistische Rechtsfront. En uiteindelijk worden slechts 21 jonge agenten, die zo dapper zijn om zich openlijk niet loyaal te verklaren, ontslagen.

1940

Zijn belangstelling voor het Limburgse landschap brengt de in Beek gevestigde arts H.J. (Harry) Beckers tot de beoefening van de archeologische wetenschap. Hij raakt daar zo intensief bij betrokken, dat hij gekscherend zegt: 'In mijn vrije tijd dokter ik'. De naam van dokter Beckers is verbonden met tal van opgravingen, maar de belangrijkste opgraving in zijn lange leven – hij wordt 87 jaar – is die van de thermen van Coriovallum (Heerlen), een typisch Romeins badhuis, dat in de tweede eeuw na Christus is gebouwd als onderdeel van een grote Romeinse vesting. Het badhuis is een uitzonderlijk groot complex: ongeveer 50 bij 50 meter. Op deze foto zien we dokter Beckers bij enkele overblijfselen van het badhuis, dat nadat het is blootgelegd geheel wordt overkapt en uitgebouwd tot het bekende Thermenmuseum van Heerlen.

☐ NATIONAAL ARCHIEF, ELSEVIER

Naar Duits voorbeeld – *Winterhilfe* – wordt op 22 oktober 1940 Winterhulp Nederland opgericht, bedoeld om 'behoeftige Nederlandse staatsburgers zonder aanzien des persoons hulp en ondersteuning te verschaffen'. Hoewel het Nederlandse volk wordt opgeroepen om in de geest van ware christelijke naasten-liefde 'steun te verleenen aan dit groote werk', moet de bevolking vanwege het nazi-karakter van de instelling niet veel hebben van 'de Winterhulp'. Collectes worden massaal geboycot, onder meer met slogans als 'Geen knoop van mijn gulp voor de Winterhulp'. Van mensen die wel hebben gegeven en daarvoor een speldje met een molentje er op hebben gekregen, wordt smalend gezegd dat ze met molentjes lopen. De Winterhulp-staatsloterij is daarentegen populair, heel de oor-log lang. Propagandisten van de Winterhulp gaan ook op huisbezoek.

In de jaren '30 en '40, na de afsluiting van de Zuiderzee, hebben plaatsen langs het IJsselmeer, omgeven bovendien door een waterrijk gebied met veel sloten, regelmatig te kampen met een muggenplaag. Haast van het ene op het andere moment worden ze omgeven door grote zwermen langpootmuggen, die als rookwolken boven de dijk de polder in trekken. De eitjes, gelegd op stilstaand water, komen namelijk onder bepaalde omstandigheden tegelijk uit. En dat zijn er veel, want elk wijfje is goed voor zo'n 200 eitjes. 'Op de dijk liep je in wolken muggen. En als je vanuit het dorp naar de dijk keek, leek het wel of de dijk in brand stond', herinnert zich een oude Andijker. Zo'n muggenplaag duurt een paar dagen, afhankelijk van het weer. Deze foto laat zien dat de inwoners van Andijk na zo'n plaag nauwelijks nog uit het raam kunnen kijken.

□ ANP HISTORISCH FOTOARCHIEF, FOTO JOH. KUIPER

De voormalige Duitse keizer Wilhelm II op weg naar zijn graf in de kapel van het landgoed Doorn. Een jaar later wordt zijn stoffelijk overschot overgebracht naar een door hemzelf ontworpen mausoleum in Doorn. Wilhelm II was keizer van Duitsland van 1888 tot hij in november 1918 werd afgezet en naar Nederland vluchtte, dat tijdens de Eerste Wereldoorlog zijn neutraliteit wist te behouden. Na twee jaar op Kasteel Amerongen te hebben gewoond, nam hij in 1920 zijn intrek in Huis Doorn, waar hij tot zijn dood verbleef. Vasthoudend aan haar neutraliteitspolitiek weigert de Nederlandse regering hem na de oorlog uit te leveren aan de geallieerden. Wilhelm heeft altijd een grote voorliefde behouden voor militair vertoon. De auto waarmee hij begraven wordt is dan ook voorzien van de oude keizerlijke standaard.

Een van de bekendste filmtheaters van ons land is zonder enige twijfel Tuschinski aan de Reguliersbreestraat in Amsterdam. Het Tuschinski Theater heeft een rijk geornamenteerde gevel in Art Decostijl, bekleed met geglazuurde tegels en keramische sculpturen. Met zijn markante torens doet de architectuur Oosters aan. Maar Tuschinski staat evenzeer bekend om zijn weelderige interieur.

Tijdens de Tweede Wereldoorlog komt het theater in Duitse handen. Want Abraham Icek Tuschinski was een Pool van joodse afkomst. Hij komt in 1942 om in Auschwitz. Vanaf dat moment tot na de oorlog wordt het Tivoli genoemd. Op 18 juli 1941 breekt brand uit in Tivoli, maar met behulp van onder meer ladderwagens kan de brandweer, die snel ter plaatse is, voorkomen dat het monumentale pand verloren gaat.

De zeventienjarige MULO-scholier Jan van Viegen uit Utrecht is een fervent radioamateur. In 1942 slaagt hij er in een radio-ontvangertje in elkaar te knutselen dat nog kleiner is dan een luciferdoosje, en niet veel zwaarder ook. Het hele 'apparaat' bestaat uit een rond kartonnetje, waarop een kristalletje is gemonteerd. Een belangrijk kenmerk van het toestelletje is dat het geen stroom en/of een antenne nodig heeft. Daarentegen wel een aardleiding, maar dat is geen enkel probleem. Met behulp van een koptelefoon kunnen duidelijk twee stations worden ontvangen. Dit radiootje is natuurlijk heel handig om illegale nieuwsuitzendingen vanuit Londen te beluisteren, zeker na mei 1943 als alle radiotoestellen moeten worden ingeleverd. Op de foto Jan van Viegen, terwijl hij bezig is nog weer verbeteringen aan te brengen aan zijn uitvinding.

NATIONAAL ARCHIEF, ELSEVIER, FOTO A. PH. DE KEIJZER ☐

Geboren op 21 april 1922 kent iedereen hem in zijn geboorteplaats als 'De Rotterdamsche Reus'. Hij heet Rigardus Rijnhout, maar met zijn lengte van 2.37 meter, schoenmaat 62 en een gewicht van 230 kg kan het niet anders dan dat hij een reus wordt genoemd. Rigardus Rijnhout wordt als een gezonde baby geboren, maar na zijn derde jaar groeit hij sneller dan zijn leeftijdgenootjes. Volgens de artsen, die hem onderzoeken, als gevolg van een afwijking aan zijn hersenklier. Rigardus eet vijf keer zoveel als andere kinderen en dat betekent een enorm aanslag op het huishoudbudget van het gezin Rijnhout. Als hij eind 1958 ernstig ziek wordt en naar het Academisch Ziekenhuis in Leiden moet, komt er een takelwagen aan te pas om hem via een raam van tweehoog naar beneden te transporteren. Op 13 april 1959 overlijdt hij te Leiden, nog geen 37 jaar oud.

Telt Nederland thans tussen de 1200 en 1300 eeuwlingen, in 1942, als in Dieren Marya Engelina Stenfert 103 jaar wordt, zijn het er nog geen veertig. Geboren op 'Zaterdag den Agtsten Junij dezes jaars' (1839) woont Marya Stenfert haar hele leven in een boerderijtje aan de Noorderstraat in Dieren, waar na de dood van de ouders haar broers en een zuster het bedrijf voortzetten. Marya woont bij hen in, zoals later ook weer bij de zoon en dochter van haar zuster. Om 'de kinderen' – inmiddels ook van middelbare leeftijd – zo min mogelijk tot last te zijn, steekt ze ondanks haar leeftijd nog zoveel mogelijk de helpende hand toe, bijvoorbeeld door de aardappelen te schillen. 'Mej. M. Stenfert' overlijdt op 18 januari 1944 en wordt dus om en nabij 104 jaar oud. Op de foto een buurvrouw op bezoek bij 'tante' Stenfert.

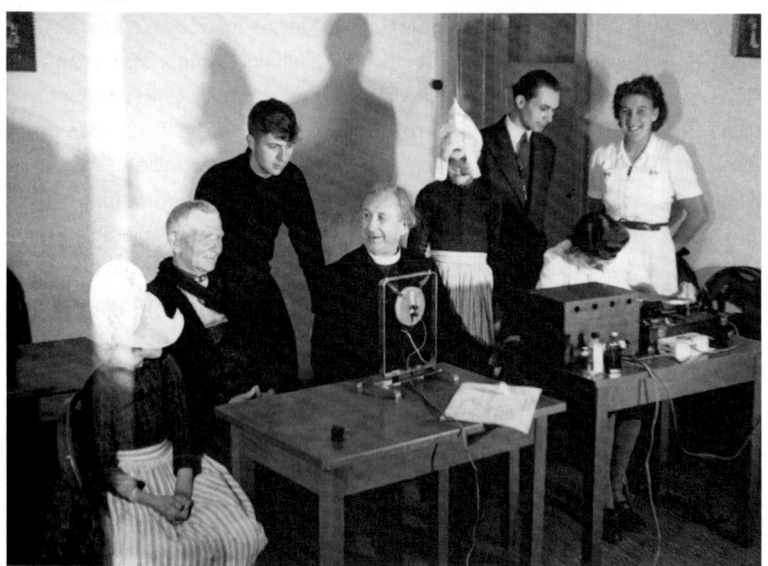

De Pater Jezuïet prof. dr. Jacques van Ginniken, aanvankelijk leraar aan het Canisiuscollege te Nijmegen, later (de eerste) hoogleraar in de Nederlandse taal en letterkunde aan de pas opgerichte Katholieke Universiteit aldaar, doet als linguïst onderzoek naar dialecten. Hier is hij, duidelijk herkenbaar aan zijn priesterboord, bezig met geluidsopnamen in Volendam voor een onderzoek dat tevens de dialecten van Marken en Monnikendam omvat. Als dialectoloog en fonoloog is prof. Van Ginniken een van de eersten die zich in het Nederlandse taalgebied bezighoudt met de systematische beschrijving van de verschillende stadia van de kindertaal. Zijn beschrijving van *De sociologische structuur van de Nederlandse taal* geeft een compleet overzicht van zowel dialecten als talen van familiale en sociale kringen, zoals de talen van kinderen, ouderen, joden, socialisten, enz.

□ SPAARNESTAD PHOTO, FOTO KIL

Na de oorlog wordt de kunstschilder Han van Meegeren ontmaskerd als verval-ser. Gearresteerd omdat hij kostbare schilderijen van Johannes Vermeer en Pieter de Hoogh naar Duitsland heeft verkocht – onder andere een aan de rijksmaar-schalk Hermann Goering – onthult hij die doeken zelf te hebben (na)geschilderd. Om dat te bewijzen biedt hij aan een nieuwe nep-Vermeer te schilderen. Daartoe wordt hij tijdelijk opgesloten in een Amsterdamse kunsthandel, die dan in gebruik is bij het Militair Gezag. Hij schildert daar *Jezus in de tempel*. De vervalsingen zijn niet van echt te onderscheiden: het Rijksmuseum kocht voor 1,3 miljoen het doek *Voet-wassing*, de bekende Rotterdamse verzamelaar D.G. van Beuningen betaalde 1,6 miljoen voor *Het Avondmaal*. In november 1947 veroordeeld tot een celstraf van één jaar overlijdt hij op 30 december van hetzelfde jaar in de gevangenis.

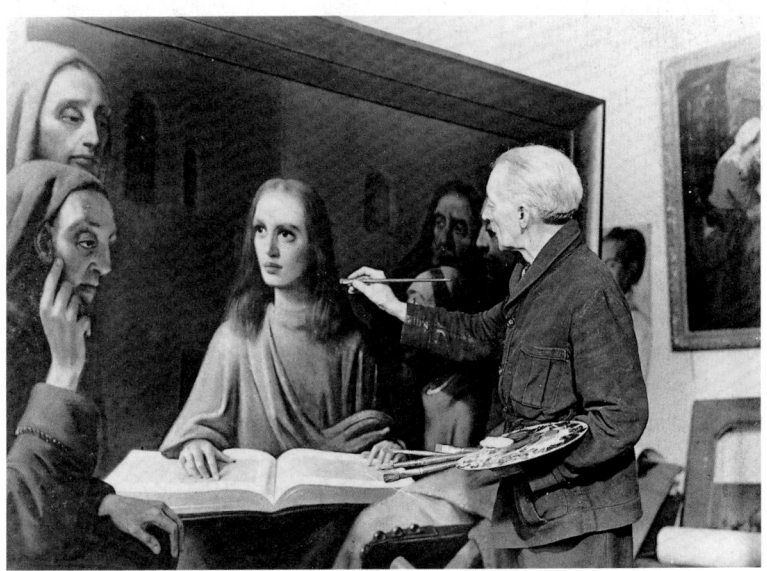

Van 1875 tot 1989 onderhoudt de Stoomvaart Maatschappij Zeeland een veerdienst tussen Nederland en Engeland, tot en met 1939 vanuit Vlissingen, na de oorlog vanuit Hoek van Holland, omdat de haven van Vlissingen in puin ligt. Driekwart van de aandelen is in handen van de Koninklijke Nederlandsche Stoomboot-Maatschappij (KNSM) en ... prins Hendrik. Dat laatste verklaart waarom de echtgenoot van koningin Wilhelmina niet alleen eregast is bij de eerste afvaart op 25 juli 1875, maar ook erevoorzitter van 'de Zeeland' is. In verband met de oorlogsdreiging wordt de veerdienst op 25 november 1939 gestaakt om eerst in 1945 weer te worden hervat. Op deze foto van de heropening van de lijn in Hoek van Holland zien we dr. Anton Philips en zijn vrouw temidden van de andere passagiers.

Op 9 oktober ontspoort te Amsterdam, ter hoogte van Kattenburg, trein 306, zo eentje met dat typisch naoorlogse materieel en zo'n oude stoomlocomotief. Als oorzaak wordt volstaan met de omschrijving: 'onvolkomenheden aan het spoor en het materieel'. Niet onbegrijpelijk overigens want direct na de oorlog is zowel het spoor als het materieel verre van optimaal. De Duitse bezetters hebben het spoorwegnet in desolate toestand achtergelaten. De ontsporing bij Kattenburg, waarbij één dode, de machinist, en drie gewonden zijn te betreuren, is al het vijfde spoorwegongeluk sinds op 11 mei 1945 de eerste trein weer reed, overigens alleen nog maar om het baanvak Amsterdam-Utrecht te inspecteren. Eerder deden zich treinongelukken voor in Gronsveld (1 dode, 44 gewonden), Groesbeek-Kranenburg (2 doden, 6 gewonden), Ravenstein (5 doden, 11 gewonden) en Rotterdam (1 dode).

Tot groot ongenoegen van de mensen wordt de zogeheten 'luistervergunning', die door de Duitsers in 1941 werd ingevoerd, na de oorlog door de Nederlandse overheid gelegaliseerd. Op de foto is te zien hoe ambtenaren van de PTT door middel van huisbezoek op zoek zijn naar radiotoestellen die niet zijn aangegeven. Aangifte is verplicht omdat voor het bezit van een radiotoestel – en later televisie – een omroepbijdrage moet worden betaald. Is omroepbijdrage de officiële benaming, de volksmond spreekt van 'luistergeld', vanaf 1952 van 'kijk- en luistergeld'. Heet niet betalen voor de radio gewoon 'clandestien luisteren', voor het niet betalen voor televisie wordt een nieuw begrip geboren: 'zwart kijken'. De Dienst Omroepbijdragen – eerder Dienst Luister- en Kijkgelden – wordt per 1 januari 2000 opgeheven. Sindsdien is de omroepbijdrage in de belasting verdisconteerd.

☐ NATIONAAL ARCHIEF, ANEFO, FOTO HARRY SAGERS

Dit is wat er overbleef van de Dakota Douglas C47 PH-TB, die op 15 november 1946 tijdens de landing op Schiphol neerstort. Alle 26 inzittenden – 21 passagiers, 5 bemanningsleden – komen om het leven, onder wie de Nederlandse schrijver Herman de Man. De crash is een gevolg van slecht zicht door de laaghangende bewolking, amper honderd meter boven de grond. Nadat twee pogingen om te landen worden afgebroken omdat de piloot er niet in slaagt met zijn kist recht voor de landingsbaan te komen, lukt dat de derde keer ook niet. Terwijl het toestel al een gevaarlijk lage landingssnelheid heeft, probeert de piloot met een scherpe bocht alsnog goed voor de baan te komen. Daarbij raakt het vliegtuig met een vleugel de grond en stort neer.

Met de sluiting van de tol aan het begin van de Herenstraat in Jutphaas op 2 februari 1947 (foto) kent Nederland geen tolwegen meer. De Jutphase tol dateert van 1814. Tijdens zijn bezoek aan Nederland in 1811 had Napoleon de weg Utrecht-Jutphaas-Vreeswijk, langs de Vaartsche Rijn (nu Merwedekanaal), als onderdeel van de route Amsterdam-Parijs verheven tot 'Weg der eerste klasse no. 3'. In 1814 nam de stad Utrecht het beheer van de weg over. Om het benodigde onderhoud te kunnen betalen werd besloten om in Jutphaas en in Vreeswijk tol te heffen. Protesten tegen de hoogte van de tarieven leidden in de jaren '30 tot rellen, waarbij de tolbomen werden afgebroken en in het water gegooid. Ook de tol te Vreeswijk wordt per 1 februari 1947 opgeheven.

Gelet op de geavanceerde technieken van tegenwoordig met computers en weersatellieten doen de vroegere meteorologische waarnemingen van het Koninklijk Nederlands Meteorologisch Instituut primitief aan. Anderzijds moet worden gezegd dat het KNMI een van de eerste meteorologische instituten is met weerkaarten en stormwaarschuwingen. Pas na de oorlog worden grote stappen vooruit gezet. Zo'n grote stap is de ingebruikneming van weerballonnen voor het doen van opmetingen in de dampkring. Aan de ballon wordt een radiosonde bevestigd om temperatuur, luchtdruk en vochtigheid te meten. De ballonnen worden door overdruk op hun plaats gehouden. De weerballon is nog maar het begin.

Als eerbetoon aan het Amerikaanse volk biedt de Mastreechter Staar na de oorlog president Harry S. Truman het erelidmaatschap aan. In het onderschrift bij de foto die Associated Press maakt van de overhandiging van de bijbehorende oorkonde staat, dat de aanbieding van het erelidmaatschap is bedoeld als 'hoge blijk van waardering jegens de Amerikaanse soldaten, die op 13 en 14 september Maastricht bevrijdden als eerste stad in Nederland'. Rechts op de foto staat de ambassadeur van Nederland in de Verenigde Staten, Eelco N. van Kleffens, in het midden colonel Edward A. Gould uit Californië, honorair lid van de in 1946 opgerichte wereldvoedselorganisatie WHO. Niet op de foto, maar wel aanwezig als vertegenwoordiger van Maastricht is Frank Jamin, een jonge Maastrichtenaar die op het John Hopkins College in Baltimore (Maryland) studeert.

1947

Tot 1971 worden elke tien jaar volkstellingen gehouden. In 1947 is het de twaalfde telling sinds 1795. Blijkens de foto wordt overal, tot op de meest afgelegen plekken toe, het aantal inwoners welhaast een voor een geteld. Met de volkstelling worden tevens een woningtelling en een beroepentelling gehouden. Volkstellingen zijn nodig, niet alleen ten behoeve van het overheidsbeleid, maar ook voor wetenschappelijk onderzoek. Het is van belang de bevolkingsdichtheid te kennen, maar ook de bevolkingsspreiding, bevolkingsopbouw, demografische ontwikkelingen, kerkelijke gezindte enz. Nederland heeft in 1947 welgeteld 9.543.000 inwoners, te weten 4.748.000 mannen en 4.794.000 vrouwen. Met het oog op de privacybescherming beperkt het Centraal Bureau voor de Statistiek zich tegenwoordig tot virtuele volkstellingen. Maar we weten wel dat in 2007 er 16.358.000 inwoners waren.

Door bemiddeling van de internationaal vertakte 'Katholieke Actie' komen in 1947 3000 kinderen uit Boedapest in Nederland op verhaal. Tachtig van hen belanden bij gastgezinnen in het rustige Volendam, dat nauwelijks onder de oorlog heeft geleden en door de visvangst en de ruilhandel met vis ook de Hongerwinter redelijk goed is doorgekomen. In een volstrekt vreemde wereld kijken ze hun ogen uit, niet het minst naar de Volendammer klederdracht (foto). Maar ook een Sinterklaasfeest is een ongekende belevenis. De Hongaarse kinderen kennen wel de kerstboom, maar in katholieke kringen, dus zeker ook in Volendam, geldt de kerstboom in die tijd als een heidens gebruik. Om ze de kerstcadeautjes niet te onthouden worden de pakjes dan maar in de boom opgehangen.

☐ NATIONAAL ARCHIEF, ANEFO, FOTO J.D. NOSKE

Tot in 1957 de zogeheten Baakse Overlaat ten zuiden van Zutphen in de buurt van Baak wordt gedicht, overstroomt het achterliggende land regelmatig, vaak tot en met Zutphen aan toe (foto). Merkwaardig genoeg is de Overlaat in 1809 niet aangelegd om in voorkomende gevallen het overtollige water van de IJssel een uitweg te bieden, maar om bij overvloedige regenval het achterland te ontlasten. De huizen worden gebouwd met een souterrain om het woongedeelte boven het maaiveld te houden. Vandaar de trapjes voor de deur van veel huizen. Door het zachte weer van eind 1947, dat de sneeuw in de Alpen en de Vogezen doet smelten, begint ook 1948 met een grote overstroming.

Elk jaar reikt de Universiteit van Utrecht ter gelegenheid van haar *dies natalis* (dag van stichting) enkele eredoctoraten uit. Met de eredoctoraten spreekt de universiteit haar grote waardering uit voor de persoon die het doctoraat ontvangt en diens werk. Het eredoctoraat wordt door de Rector Magnificus uitgereikt tijdens een academische plechtigheid. De persoon die het doctoraat ontvangt krijgt een *cappa* (manteltje) met de roodwitte kleuren van de Universiteit van Utrecht en mag de titel *doctor honoris causa* dragen. In 1946 krijgt prins Bernhard een eredoctoraat en in 1948 valt de eer te beurt aan Eleanor Roosevelt, echtgenote van de Amerikaanse president Franklin D. Roosevelt, wegens haar inzet voor het opstellen van de Universele Verklaring van de Rechten van de Mens. Op de foto loopt zij naast de Rector Magnificus over het Utrechtse Domplein.

Op 8 mei 1946, precies een jaar na de Duitse capitulatie, brengt Winston Churchill een bezoek aan Nederland, waar de legendarische oorlogspremier door honderdduizenden wordt begroet. De Leidse universiteit maakt hem eredoctor, op de Dam in Amsterdam juichen 30.000 mensen hem toe. In Den Haag houdt hij een pleidooi voor een verenigd Europa. Twee jaar later, op 7 mei 1948, krijgt dit een vervolg wanneer in de Haagse Ridderzaal het legendarische Eerste Congres van Europa bijeenkomt. Ook daar spreekt Churchill over de noodzaak van politieke en economische integratie. Het congres leidt een jaar later tot de oprichting van de Raad van Europa, een heel voorzichtige eerste stap naar wat uiteindelijk een Europese regering en een Europees parlement moeten worden.

NATIONAAL ARCHIEF, ELSEVIER, FOTO HENK JONKER □

Op dinsdag 18 mei 1948 veroorzaakt een schilder brand op het dak boven de Balzaal van Paleis Noordeinde in Den Haag. Het hele dak vat snel vlam, maar gelukkig kan de schade beperkt worden tot de onderliggende Grote Balzaal, de Kleine Balzaal, de Balkonzaal en de Bibliotheek of Grote Antichambre. De meeste meubels en kunstvoorwerpen worden tijdig uit de zalen gehaald. Op de foto is te zien hoe een wandtapijt in veiligheid wordt gebracht. Overigens is het paleis nauwelijks als zodanig in gebruik. Koningin Wilhelmina vindt het een onplezierig gebouw en woont sinds de bevrijding in Paleis Het Loo. Ook haar dochter Juliana blijft liever in Soestdijk. Pas koningin Beatrix richt Noordeinde in als werkpaleis.

☐ NATIONAAL ARCHIEF, ANEFO, FOTO JOEP FRIEZER

In 1949 is de ingebruikneming van de eerste sigarettenautomaat in ons land iets om bij stil te staan. In die tijd wordt roken zelfs nog gepropageerd met leuzen als 'Het is geen man die niet roken kan'. Direct na de oorlog is het aanbod van sigaretten nog zuinig. Oude vertrouwde merken als *North State, Lucky Strike* en *Camel* zijn nog niet of slechts mondjesmaat verkrijgbaar en nieuwe merken als *Rhodesia* zijn niet bepaald geweldig, zoals blijkt uit de woordspeling die al snel de ronde doet over RHODESIA: Regering Holland Ontdekte Deze Ellendige Sigaret in Amerika.... Ten tijde van de eerste sigarettenautomaat ka men echter weer 'Trek in Old Mac' hebben en wordt 'Chief Whip op ieders lip' gepropageerd.

Na zich eerst enkele jaren beholpen te hebben met een oude barak op het terrein van het zenderpark Lopik, krijgt Radio Nederland Wereldomroep, opgericht in 1947, in 1949 de beschikking over een eigen zender. Die wordt op 20 juli 1949 in gebruik gesteld door koningin Juliana (foto). De zendinstallatie in de barak wordt medio jaren '50 buiten gebruik gesteld na indiensttneming van een nieuw KG-station (KG = Korte Golf) in IJsselstein. Bij de ingebruikstelling van de zender voor de Wereldomroep brengt de koningin ook een bezoek aan de nabijgelegen zenders Hilversum 1 en 2. De zendmasten van de Wereldomroep, in hoogte variërend van 10 tot 50 meter, zijn niet te vergelijken met de in 1961 gereedgekomen tv-mast IJsselstein, 366 meter hoog.

☐ NATIONAAL ARCHIEF, ANEFO, FOTO BEN MERK

Als gevolg van slecht zicht door zware regenbuien vliegt de KLM Constellation PH-TDF 'Franeker' zich op 12 juli 1949 bij een tussenlanding in Bombay te pletter tegen de 674 meter hoge Ghatkoparberg. Alle 45 inzittenden komen om het leven. In het toestel, onderweg van Batavia naar Schiphol, zitten onder anderen dertien Amerikaanse journalisten die op uitnodiging van de Nederlandse regering een bezoek aan Indië hebben gebracht. Nederland, in een heftige koloniale strijd gewikkeld, hoopt hiermee een positievere pers te genereren in Amerika. Hoewel hardnekkige geruchten de ronde dat er sabotage in het spel is, houdt de Raad voor de Luchtvaart het op 'een fout van de piloot'. Op de foto de aankomst van de urnen van de Nederlandse slachtoffers van de 'Franeker' op Schiphol.

NATIONAAL ARCHIEF, ANEFO, FOTO J.D. NOSKE ☐

Al snel na de Tweede Wereldoorlog doet de straaljager zijn intrede in Nederland. Op 27 juni 1948 arriveren de eerste 61 Gloster Meteors op de vliegbasis Twente. Tijd voor nieuwe vliegtuigrecords. Op 15 augustus 1948 slaagt straaljager-piloot majoor J.L. Flinterman – onderscheiden met het Britse 'Distinguished Flying Cross' wegens 'betoonde dapperheid in de lucht tegenover de vijand' – erin het hoogterecord op 14.821 meter te brengen en het snelheidsrecord op 953,1 km per uur. Er is veel belangstelling op de vliegbasis Twente bij de recordpoging van Flinterman. Nieuwe records laten daarna op zich wachten tot in de jaren '50 de transonische Hawker Hunters volgen, bekend om hun pijlvormige vleugels.

☐ NATIONAAL ARCHIEF, ANEFO, FOTO J.D. NOSKE

De wereldberoemde jazztrompettist en -zanger Louis Armstrong is woens-dag 12 oktober 1949 eventjes in ons land. Op doorreis van Kopenhagen naar Brussel zet hij, vergezeld van zijn *lady-crooner*, tijdens een tussenlanding op Schiphol korte tijd voet op Nederlandse bodem. Hoe kort van duur zijn verblijf op de Nederlandse luchthaven ook is, hij is graag bereid een demonstratie te geven van zijn virtuositeit op de trompet. Overigens zal Armstrong op zijn talloze concertreizen *all over the world* met zijn band, de 'All Stars', ons land meermalen aandoen. De belangstelling is steeds immens groot. Want jazz, in de oorlogsjaren door de bezetter verboden, is na de oorlog extra populair. Louis Armstrongs bijnaam Satchmo (een afkorting van satchelmouth (= buidelmond)) refereert aan zijn grote mond.

NATIONAAL ARCHIEF, ANEFO, FOTO JOOP VAN BILSEN ☐

In de vroege ochtend van zondag 30 oktober 1949 verwoest een felle brand de visbakkerij van Nic de Leeuw aan de Nieuwstraat te Medemblik. Daarbij komt het hele gezin, dat boven lag te slapen, om het leven: vader (47), moeder (44), dochtertje Freddy (15) en zoontje Niek (5). Voorafgaande aan de teraardebestelling van de slachtoffers op de algemene begraafplaats van Medemblik vindt in de als aula ingerichte zaal van 'Het Wapen van Medemblik' een aangrijpende afscheidsdienst plaats, geleid door ds. A.M. van der Neut. De belangstelling bij de begrafenis is groot, want het noodlottige gevolg van de brand heeft uiteraard een grote impact op de bevolking van Medemblik.

◻ NATIONAAL ARCHIEF, ANEFO, FOTO J.D. NOSKE

De meest legendarische in- én uitbreker is zonder enige twijfel Gerrit de Stotteraar. Eigenlijk is Gerrit B., die zijn bijnaam dankt aan zijn spraakgebrek, niet meer dan een kruimeldief. Hij begint zijn 'carrière' in 1940 en verwerft na de oorlog landelijk bekendheid. Even vaak als hij wordt aangehouden, weet hij ook weer te ontsnappen. Hij krijgt daarmee zelfs een zekere sympathie onder de bevolking, die vaak met enige vertedering over de strapatsen van deze 'draaideur-crimineel' avant la lettre spreekt. Op de foto zien we hoe Gerrit de Stotteraar, na weer eens een week in vrijheid te hebben doorgebracht, door twee rechercheurs van het politiebureau aan de Tolsteeg in Utrecht wordt overgebracht naar de gevangenis aan het Wolvenplein.

1949

Zwolle | 6 december

O p 6 februari 1943 wordt in Zwolle een vierling geboren, door de oorlogsom-standigheden minder wereldnieuws dan onder normale omstandigheden. De Duitsers willen echter wel propaganda maken met de *Germanenkinder*, maar daar weet vader Kiffers een stokje voor te steken. Maar hij kan niet voorkomen dat, vooral na de oorlog, elke krant en menig blad jaarlijks in de weken voor of op 6 februari een fotograaf naar Zwolle stuurt om een sfeerplaatje van het viertal te maken. Of, zoals in 1949, na Sinterklaas om te kijken wat de kinderen allemaal hebben gekregen. Han en zijn zusjes Dicky, Elly en Riny vinden het allemaal maar zo zo. Rond hun twintigste levensjaar neemt de publiciteitsgolf een keer, als in het Friese Deinum ook een vierling wordt geboren.

444   KLEINE BERICHTEN   ☐ NATIONAAL ARCHIEF, ANEFO, FOTO WINTERBERGEN

Na een bezoek aan Amerika op weg naar huis heeft Z.M Reza Pahlavi, Sjah van Perzië, op de laatste dag van 1949 een tussenstop op Schiphol. Langer dan de tijd die nodig is om het vliegtuig van brandstof te voorzien duurde zijn bezoek niet. Nochtans zijn ter verwelkoming aanwezig namens de koningin vice-admiraal N. Rost van Tonningen, chef van het Militair Huis, en namens het kabinet mr. J. Visser, chef van het Protocol van het ministerie van Buitenlandse Zaken, als-mede de president-directeur van de KLM, dr. A. Plesman, en ir. F. Philips, vice-voor-zitter van de Raad van Bestuur van Philips. De sjah wordt vergezeld van zijn zuster Fapeme. Het toestel, waar de sjah mee vliegt, de KLM Constellation 'Soerabaja', wordt bestuurd door Neerlands meest bekende piloot A. Viruly.

Fotocollecties

Voor de samenstelling van dit boek is gebruik gemaakt van een aantal belangrijke fotocollecties in Nederland.

Nederlands Instituut voor Oorlogsdocumentatie, Amsterdam
Als instelling die zich direct na de oorlog heeft ingespannen archieven, collecties
en documentatie over en uit de Tweede Wereldoorlog bijeen te brengen
beschikt het NIOD thans over een uiterst waardevolle schat aan informatie. De
fotocollecties zijn onder andere afkomstig van Duitse en Nederlandse fotopers-
bureaus, maar ook van particulieren. De foto's van het NIOD zijn ondergebracht
in Beeldbank WO2, zie www.beeldbankwo2.nl

Nationaal Archief, Den Haag
Het Nationaal Archief beheert een aantal grote fotoarchieven van de Rijksvoorlichtingsdienst. Verreweg de grootste collectie is die van Anefo, het Algemeen
Nederlands Fotopersbureau. Deze omvat ongeveer 346.000 afbeeldingen. De
gehele collectie bestrijkt de periode van 1945 tot 1989. Van bijna elke gebeurtenis in het nieuws uit die periode is een afbeelding terug te vinden. Een andere
verzameling is de collectie Elsevier, die bestaat uit circa 47.000 foto's uit de jaren
1900-1980. Het is een zeer diverse collectie met onderwerpen als politici, vor-
sten, stormrampen, vervoer en kunst. Een half miljoen foto's is te bekijken in de
beeldbank van het Nationaal Archief: http://beeldbank.nationaalarchief.nl.